Holt French Level 3

Practice and Activity Book

Teacher's Edition
with Overprinted Answers

HOLT, RINEHART AND WINSTON
Harcourt Brace & Company

Austin • New York • Orlando • Atlanta • San Francisco • Boston • Dallas • Toronto • London

To the Teacher

Contextualized practice is an important step in achieving language proficiency. The *Practice and Activity Book* is filled with opportunities for students to practice newly learned functions, grammar, and vocabulary in real-life contexts. The variety of formats makes the activities appealing and ensures that students will be able to use their new language skills in a wide range of situations.

Each chapter of the *Practice and Activity Book* provides the following types of practice:

Mise en train and Remise en train
Brief recognition-based activities reinforce newly introduced concepts.

Première and deuxième étapes
Within each **étape,** functional expressions, grammar, and vocabulary are practiced, both individually, within the context of previously learned material, and in contexts that incorporate all of the material from the **étape.** The activities progress from structured practice to more creative, open-ended work.

Lisons!
Additional reading selections and comprehension activities provide students more practice with the vocabulary and functions taught in the chapter.

Panorama culturel
This section offers several opportunities for students to reinforce and apply the newly acquired cultural information from the chapter.

Mon journal
Additional journal activities on pages 145–156 give students the opportunity to apply the writing strategies and material they've learned in relevant, personalized contexts.

Answers to all activities are included in the *Practice and Activity Book, Teacher's Edition.* Annotations in the *Annotated Teacher's Edition* correlate activities in the *Practice and Activity Book* with material presented in the *Pupil's Edition.*

Nom _____ Classe _____ Date _____

France, les régions

■ MISE EN TRAIN

1 Les retrouvailles

Paris

Colmar

Poitiers

Morzine

Biarritz

a. Lis ce que les cinq amis des **Retrouvailles** disent et décide dans quelle ville ils sont allés pendant leurs vacances. Ensuite, écris le nom de ces villes sur la carte de France.

YASMINE J'ai visité Notre-Dame.
Paris

JULIEN Je suis allé au bord de la mer.
Biarritz

PATRICIA Je suis restée ici.
Colmar

PAULINE J'ai visité le Futuroscope.
Poitiers

HECTOR Je suis allé en Savoie.
Morzine

b. Maintenant, rappelle-toi la scène des **Retrouvailles** et décide qui parle.

1. «Je me suis baigné tous les jours et j'ai fait de la planche à voile.»
Julien

2. «Nous sommes allées au cinéma. Nous avons fait de l'équitation et nous sommes allées à la piscine.»
Patricia

3. «Je suis allée me promener en voiture avec mes parents. Nous avons visité les châteaux de la Loire.»
Pauline

4. «Je suis parti trois semaines en camp de vacances. Nous avons fait du vélo et du rafting.»
Hector

5. «Il a fait tellement chaud et lourd qu'à la fin, j'en avais marre des visites.»
Yasmine

■ PREMIÈRE ÉTAPE

2 La fête du village Chaque été, Suzette revient dans sa ville pour la fête du 14 juillet. Elle voit beaucoup de monde qu'elle n'a pas vu depuis longtemps. Ecris sa conversation avec chaque personne qu'elle rencontre. **Answers will vary. Possible answers:**

1. SUZETTE _Ça fait longtemps qu'on ne s'est pas vus._

   LE PERE DE MAGALI _Oui, ça fait un an._

2. SUZETTE _Qu'est-ce que tu deviens, Magali?_

   MAGALI _Toujours la même chose!_

3. SUZETTE _Je suis contente de te voir._

   HELENE _Moi aussi, Suzette._

4. SUZETTE _Quoi de neuf, Ahmed?_

   AHMED _Rien de spécial._

3 La rentrée scolaire A la rentrée, Julien demande à ses copains et copines s'ils ont passé de bonnes vacances. Relie les phrases qui vont ensemble. Choisis une phrase différente dans chaque cas. **Answers may vary. Possible answers:**

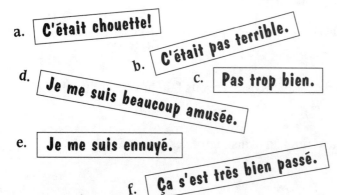

a. C'était chouette!
b. C'était pas terrible.
c. Pas trop bien.
d. Je me suis beaucoup amusée.
e. Je me suis ennuyé.
f. Ça s'est très bien passé.

_c_ 1. Je me suis cassé la jambe.
_e_ 2. Je n'ai rien fait.
_d_ 3. J'ai appris à faire de la voile!
_a_ 4. J'ai fait du camping avec des copains.
_b_ 5. J'ai été malade tout le temps.
_f_ 6. J'ai visité des châteaux super!

4 Des activités variées   Imagine comment ces jeunes décrivent leurs vacances.
Answers will vary. Possible answers:

1. Stéphanie : __Je me suis ennuyée.__

3. Etienne : __Je me suis bien amusé.__

2. Ali : __C'était super!__

4. Serge : __Ça s'est bien passé!__

5 Retour de vacances   Paul a passé un mois de vacances au Canada. Rentré chez lui, il téléphone à Carole pour lui raconter ses vacances. Complète leur conversation logiquement.
Answers will vary. Possible answers:

PAUL   Bonjour, Carole. C'est Paul.

CAROLE   Bonjour, Paul. Ça va?

PAUL   Oui, je viens de rentrer de vacances. J'étais à Montréal.

CAROLE   Quand est-ce que tu y es allé?

PAUL   __J'y suis allé début juillet__.

CAROLE   Avec qui est-ce que tu y es allé?

PAUL   __J'y suis allé avec mon cousin__.

CAROLE   Ah bon! Et vous êtes partis comment?

PAUL   __Nous sommes partis en avion__.

CAROLE   Où est-ce que vous avez dormi?

PAUL   __Nous avons dormi à l'hôtel__.

CAROLE   Quel temps est-ce qu'il a fait? Il a fait chaud?

PAUL   __Il a fait un temps magnifique__. Et toi? Est-ce que tu es restée ici?

CAROLE   __Oui, je suis restée ici tout l'été__.

PAUL   C'est dommage. Allez, à plus tard.

CAROLE   Au revoir.

6 Les grandes vacances En classe, chaque élève raconte un souvenir de ses dernières vacances. Complète chaque phrase avec un verbe approprié au passé composé. **Answers may vary. Possible answers:**

pouvoir   faire   prendre   s'ennuyer   voir   lire   travailler   être

rencontrer   partir   rester   sortir   aller   bien s'amuser   passer   se reposer   avoir

PAUL Je (J') ____ai pris____ le train et je (j') ____suis allé____ en Allemagne chez mon correspondant.

JULIEN Je (J') ____ai lu____ beaucoup de livres. C'était super!

KARINE Bof! Je (J') ____suis restée____ ici et je (j') ____ai travaillé____ à la station-service.

AURELIE Moi, je (j') ____ai fait____ des randonnées à la campagne.

MIREILLE Et moi, je (j') ____suis sortie____ tous les soirs avec mes copains.
Je (J') ____me suis bien amusée____ !

FRANÇOISE Eh ben, moi, je (j') ____me suis reposée____. J'ai dormi jusqu'à midi tous les jours!

HAMID Moi, je n'ai rien fait, mais rien du tout! En fait, je (j') ____me suis ennuyé____ à mourir. C'était nul!

MARIE Je (J') ____ai vu____ des tas de nouveaux films.

CLAUDE Moi, je (j') ____ai passé____ une semaine en Espagne. C'était chouette.

7 Souvenirs de Martinique Tu es chez ton amie Magali qui vient de revenir de Fort-de-France. Elle téléphone à Gisèle pour lui parler de son voyage. Tu entends seulement ce que Magali dit. Ecris les questions probables de Gisèle. **Answers may vary. Possible answers:**

— ____Où se trouve____ Fort-de-France?

— Ça se trouve à la Martinique. La ville est située dans l'ouest de la Martinique.

— ____C'était comment____ ?

— C'était mieux que Poitiers.

— ____Qu'est-ce qu'il y avait à faire____ ?

— Il y avait beaucoup de choses à faire. On a fait de la plongée, on s'est baignés, et on a dansé le zouk.

— Et ____qu'est-ce qu'il y avait à voir?____ ?

— On a visité la bibliothèque Schœlcher, on a vu des forêts tropicales et des plages avec du sable noir.

— ____Il faisait____ très chaud là-bas?

— Mais non, il faisait très beau tout le temps.

8 Mon enfance... Hélas! Dans son journal, André décrit les vacances de son enfance. Aide-le en complétant le passage suivant avec l'imparfait des verbes appropriés. **Answers may vary. Possible answers:**

Quand j' _____étais_____ jeune, les vacances _____étaient_____ formidables. En été, ma famille et moi, nous _____allions_____ toujours à la plage. Nous ne _____dormions_____ jamais à l'hôtel, on _____faisait_____ plutôt du camping sur la plage. Le matin, on _____se levait_____ très tôt pour faire de la pêche. L'après-midi, mon frère et moi, nous _____faisions_____ de la plongée. Mes parents _____préféraient_____ faire de la planche à voile. Le soir, mon père _____faisait_____ un feu et on _____chantait_____ et _____dansait_____. Je _____me couchais_____ assez tard. Avant de dormir, mon frère et moi, nous _____écoutions_____ les voix de mes parents qui _____chantaient_____ doucement dans la nuit calme.

9 Il faut visiter... The French travel magazine **Grandes échappées** has a section with letters from readers, recommending exotic vacation destinations. Write a letter describing an exciting vacation spot you've visited. Include details about its location, what the weather was like, what you saw and did there, and your impressions about the place. **Answers will vary.**

■ REMISE EN TRAIN

10 A l'auberge   Cécile et ses amis mangent à **L'Auberge alsacienne.** Lis leur conversation et regarde l'addition.

A L'Auberge alsacienne

1 potage du jour ....20 F	
2 assiettes de crudités ......70 F	
2 plats du jour ....98 F	
1 bouchée à la reine ....35 F	
1 presskopf ....45 F	
1 truite ....50 F	
1 entrecôte grillée ....65 F	
1 gâteau au chocolat ....20 F	
1 sorbet ananas ....20 F	
2 crèmes brûlées ....40 F	
1 coca ....12 F	
TOTAL ....475 F	

(Service compris)

NABIL   Moi, je vais commencer par une assiette de crudités et puis… un presskopf. Et comme dessert, une crème brûlée. J'ai une faim de loup!

CECILE   Quelle est la soupe du jour?

MARIE-JO   Le potage de poireaux-pommes de terre.

CECILE   Très bien! J'adore les poireaux. Et ensuite, euh… je vais prendre une truite. Et une crème brûlée pour terminer.

YANN   Mmm… voyons. Pour moi, ce sera l'assiette de crudités et… le plat du jour. Et pour finir, je vais prendre un sorbet à l'ananas. Et toi, Marie-Jo, tu as choisi?

MARIE-JO   Qu'est-ce que c'est, le plat du jour, déjà?

YANN   C'est la choucroute aujourd'hui.

MARIE-JO   Très bien. Alors, une bouchée à la reine pour commencer. Et un plat du jour. Ah, oui, et un coca.

a. Si la taxe et le service sont compris dans le total, combien est-ce que chacun doit payer?

Cécile : __90__ F   Nabil : __100__ F   Marie-Jo : __96__ F   Yann : __104__ F

b. Maintenant, réponds aux questions suivantes.

1. Il y a une erreur sur l'addition. Quels sont les plats que les amis n'ont pas commandés?

l'entrecôte grillée et le gâteau au chocolat

2. Qui a pris une boisson?

Marie-Jo

3. Qui n'a pas pris de dessert?

Marie-Jo

4. Qui a pris une spécialité alsacienne?

Nabil, Marie-Jo et Yann

■ DEUXIEME ETAPE

11 **Trois façons de le dire**   Hélène et Siméon sont au restaurant. Hélène ne sait pas quoi prendre. Siméon lui recommande un plat. Regarde la scène et imagine trois petites conversations possibles. **Answers will vary. Possible answers:**

HELENE	SIMEON
1. Tout me tente.	1. Tu devrais prendre la choucroute. Elle est très bonne.
2. Je n'arrive pas à me décider.	2. Pourquoi tu ne prends pas le presskopf?
3. J'hésite entre une quiche et une bouchée à la reine.	3. Essaie la quiche. Elle est excellente.

CHAPITRE 1 Deuxième étape

12 Un repas végétarien Tu es végétarien(ne) et tu vas au restaurant avec des amis. Tu n'as pas mangé à midi et tu as très faim. Regarde la carte et décide ce que tu veux manger. Tu ne manges ni viande ni poisson, mais tu consommes des produits laitiers de temps en temps. Ecris le nom des plats que tu choisis. **Answers will vary.**

Le Routier Sympa
Menu à 75 francs

LES ENTREES
les carottes râpées   l'assiette de crudités
la salade de tomates   l'assiette de charcuterie
le céleri rémoulade   le pâté

LES PLATS
le steak-frites   le filet de sole riz
le poulet haricots verts   champignons
l'escalope de dinde purée   la côtelette de porc pâtes

LA SALADE VERTE

L'ASSIETTE DE FROMAGES
camembert   fromage de chèvre
brie   roquefort

LES DESSERTS
les glaces: vanille, fraise, chocolat
les tartes aux fruits   la crème caramel

_____
_____
_____
_____
_____
_____
_____
_____
_____
_____

13 Un menu Tu es artiste et tu dois créer un nouveau menu pour un restaurant parisien. Tu as la liste des plats du menu mais on ne t'a pas dit dans quelle catégorie tu dois écrire chaque plat. Place les plats dans les catégories appropriées. **Answers may vary. Possible answers:**

Quiche lorraine   Café   Steak tartare   Citron pressé   Sorbet aux fraises   Salade de crudités   Jus de fruit   Presskopf   Potage du jour   Mousse aux fruits   Eau minérale   Crème brûlée   Choucroute   Tarte au citron   Filet mignon   Pâté de volaille

ENTREES
Quiche lorraine
Salade de crudités
Potage du jour
Pâté de volaille

PLATS PRINCIPAUX
Presskopf
Choucroute
Steak tartare
Filet mignon

BOISSONS
Jus de fruit
Café
Eau minérale
Citron pressé

DESSERTS
Tarte au citron   Sorbet aux fraises
Mousse aux fruits   Crème brûlée

14 Les restaurateurs   Tu vas ouvrir ton propre restaurant, mais d'abord tu dois créer la carte. Ta carte doit inclure *(include)* au moins trois choix pour chaque plat *(course)*, le prix en francs ou euros et le nom du restaurant. **Answers will vary.**

15 La bonne réponse!   Peux-tu trouver la réponse qui correspond à chaque question?

<u> d </u> 1. Comment désirez-vous votre viande? <u> e </u> 4. Qu'est-ce que c'est, le cassoulet?

<u> c </u> 2. Qu'est-ce que vous me conseillez? <u> b </u> 5. Vous avez choisi?

<u> a </u> 3. Et comme dessert? <u> f </u> 6. Que voulez-vous comme entrée?

a. La crème brûlée, s'il vous plaît.

d. Bien cuite, s'il vous plaît.

b. Oui, je vais prendre la soupe à l'oignon.

e. C'est une spécialité du Languedoc.

c. La truite est excellente, madame.

f. Le pâté, s'il vous plaît.

16 **Un dîner élégant**   Michel et ses amis sont dans un restaurant français. Imagine la conversation entre Michel, ses amis et le serveur et puis, écris cette conversation. **Answers will vary.**

_____
_____
_____
_____
_____
_____
_____
_____
_____
_____

17 **Miam-miam!**   Tu as dîné dans un très bon restaurant pour ton anniversaire. Décris le repas en détail. Avec qui es-tu allé(e)? Qu'est-ce que tu as mangé? C'était comment? **Answers will vary.**

_____
_____
_____
_____
_____
_____
_____

■ LISONS!

18 Journal gastronomique d'un voyageur   Zap est venu sur terre de la planète Mars. Il est arrivé en France par hasard et il est très surpris de la variété de la cuisine française. Lis son journal et puis réponds aux questions. **Answers may vary. Possible answers:**

Je suis venu sur terre un jour pour voir comment était la vie là-bas et je suis arrivé dans un pays qu'on appelle la France. J'ai découvert que tout le monde dans ce pays mange des choses que je n'ai jamais vues. Moi, d'habitude, je prends une pilule quand j'ai faim mais eux, ils mangent des plats incroyables. Par exemple, dans le nord-ouest de la France, en Bretagne, un serveur m'a conseillé des «demoiselles de Cherbourg.» J'ai eu peur parce que je suis déjà marié, mais ce n'était pas des filles. C'était des petits homards. Dans une région que j'ai visitée, les gens donnent beaucoup à manger aux oies *(geese)* et puis ils mangent leur foie *(liver)* sur un morceau de pain. A Lyon, ils font des sortes de saucisses avec du poisson et du pain qu'ils appellent des quenelles. Dans le sud de la France, en Provence, ils font une soupe avec divers poissons. Ils appellent ça de la bouillabaisse. Et sur une île dans la Méditerranée qu'on appelle la Corse, il y a beaucoup de produits faits avec de la viande de porc : du pâté, du saucisson, du jambon... C'est de la charcuterie. La cuisine variée, c'est vraiment important pour les Français et moi, j'ai fini par *(I ended up)* aimer aussi.

Mais, les Français disaient toujours que j'avais l'air bizarre. Alors, un jour, on m'a donné un béret noir et une chose longue, croustillante *(crispy)* et dorée *(golden)* pour avoir l'air plus français. Tout le monde porte cette chose sous le bras midi et soir. C'est une baguette et c'est très bon quand c'est chaud. Quand je suis rentré chez moi, ma femme ne m'a pas reconnu. D'abord j'étais plus gros mais j'étais aussi en pleine forme. J'ai dit : «Chérie, je suis content de te revoir.» Et je lui ai donné le pain. Je lui ai expliqué que tout ce que les Français mangent a l'air bizarre mais finalement, c'est meilleur que les pilules. Elle a adoré la baguette et quand on a eu notre première fille, on l'a appelée «Baguette» parce qu'elle a les cheveux dorés.

1. What's the difference between the food Zap was accustomed to eating and French food?
   Zap ate pills. He was surprised by the variety in French cuisine.

2. What did Zap eat in Lyon? What is it made of?
   quenelles; fish and bread

3. Why was Zap afraid when the server recommended *des demoiselles de Cherbourg?*
   Zap is married and he thought the server meant girls.

4. How does Zap acquire a "French" look?
   by wearing a beret and carrying a baguette

5. Have you had an interesting culinary experience in another American state or foreign country? Tell your reactions.
   Answers will vary.

■ PANORAMA CULTUREL

19 **On va au restaurant!** Your French host family is taking you to a local restaurant on Sunday. Are the following situations likely or unlikely to happen? Justify your answers. **Answers may vary. Possible answers:**

1. Your hosts plan to eat at 12:30 and go to the movies at 1:30.

   <u>**No. French people like to take their time eating, especially on the**</u>

   <u>**weekend, when they can relax.**</u>

   _____

   _____

2. The server brings the check along with the desserts.

   <u>**No. If he or she did, it would be considered improper. It could be**</u>

   <u>**interpreted as a way to rush the customers.**</u>

   _____

   _____

20 **Les traditions** Answer the following questions in English. **Answers may vary. Possible answers:**

1. What are some regional traditions reserved for special occasions?

   <u>**traditional clothing, folk dances**</u>

   _____

2. What do the words **coiffe** and **sabot** mean?

   <u>**coiffe : a headdress from Bretagne**</u>

   <u>**sabot : a wooden shoe**</u>

21 **Les plats régionaux** Match the following dishes with their region or country of origin.

<u>c</u> 1. La bouillabaisse		**a.** Le Périgord
<u>g</u> 2. Les crêpes		**b.** La Côte d'Ivoire
<u>d</u> 3. La choucroute		**c.** La Provence
<u>e</u> 4. Le cassoulet		**d.** L'Alsace
<u>a</u> 5. Le foie gras		**e.** Le Languedoc
<u>b</u> 6. L'attiéké		**f.** La Normandie
<u>f</u> 7. Les «demoiselles de Cherbourg»		**g.** La Bretagne

Allez, viens! Level 3, Chapter 1

2 Belgique, nous voilà!

■ MISE EN TRAIN

1 En route pour Bruxelles

a. Complète les phrases d'**En route pour Bruxelles.**

pardon   visite   changer   demie   passe   soir   kilomètres

1. Ça va nous prendre une heure et _____ **demie** _____ au plus.

2. Oh là là! Qu'est-ce qui se _____ **passe** _____?

3. N'oublie pas qu'on doit rentrer ce _____ **soir** _____.

4. Qu'est-ce qu'on va faire après la _____ **visite** _____ du Centre?

5. Euh, tu sais _____ **changer** _____ les pneus, toi?

6. _____ **Pardon** _____, monsieur. La route pour Bruxelles, s'il vous plaît?

7. Vous suivez la N. 89 pendant à peu près 12 _____ **kilomètres** _____.

b. Ecris le nom du personnage d'**En route pour Bruxelles** qui correspond à chaque description.

Stéphane	**Le monsieur**
Hervé	**Le pompiste**

_____ **Hervé** _____ 1. Il ne sait pas quoi faire pour changer les pneus.

_____ **Le monsieur** _____ 2. Il donne des directions pour aller à Bruxelles.

_____ **Stéphane** _____ 3. Il veut s'arrêter pour visiter un château.

_____ **Le pompiste** _____ 4. Il met de l'air dans les pneus.

_____ **Hervé** _____ 5. Il veut éviter la foule au Centre de la B.D.

_____ **Le pompiste** _____ 6. Il vérifie l'huile.

_____ **Stéphane** _____ 7. Il demande comment arriver à l'autoroute.

■ PREMIERE ETAPE

2 Un séjour en Belgique   Tu passes quelques jours à Liège et tu voudrais visiter la région.

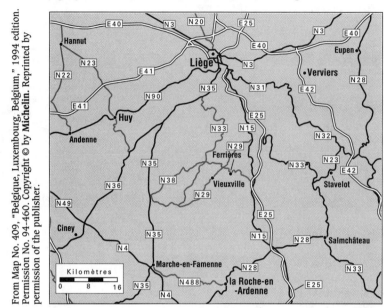

From Map No. 409, "Belgique, Luxembourg, Belgium," 1994 edition. Permission No. 94-460. Copyright © by **Michelin.** Reprinted by permission of the publisher.

a. Avant de partir, regarde la carte et indique la route que tu vas prendre pour être sûr(e) de ne pas te perdre. **Answers may vary. Possible answers:**

Destination	Andenne	Marche-en-Famenne	Salmchâteau
Route(s) prise(s)	N. 90	N. 35	E. 25, N. 33

b. Bénédicte est à Stavelot. Elle demande la route pour Liège à une dame. Complète leur conversation en t'aidant de la carte.

BENEDICTE   Pardon, madame. La route _____**pour**_____ Liège, s'il vous plaît?

LA DAME   Alors, vous ____**prenez**____ la ____**N. 23**____ vers l'ouest. Vous tournez à ____**droite**____ sur la N. 33. Vous la suivez ____**pendant**____ 30 km. Vous allez voir un ____**panneau**____ qui indique la route E. 25. Vous ____**tournez**____ à droite sur la E. 25 et Liège est à 26 km ____**à peu près**____ .

c. Maintenant, à toi de dire à Bénédicte comment aller de Liège à Eupen. **Answers may vary. Possible answers:**

Tu prends la E. 25 vers le nord. Tu tournes à droite sur la E. 40. Tu suis

la E. 40 et tu vas tomber sur la N. 28. Tu tournes à droite sur la N. 28 pour

aller à Eupen.

3 **C'est très simple...**   Un ami vient te voir ce week-end. Il habite dans une autre ville de ton état *(state)*. Dis-lui comment arriver dans ta ville. Consulte une carte si tu veux. **Answers will vary.**

_____

_____

_____

_____

_____

_____

_____

_____

4 **A la station-service**   Qu'est-ce que tu peux demander au/à la pompiste dans les situations suivantes? **Answers may vary. Possible answers:**

1. Tu n'as plus d'essence.

   Faites le plein, s'il vous plaît. _____

2. Tu ne sais pas si tu as besoin d'huile.

   Vérifiez l'huile, s'il vous plaît. _____

3. Ta voiture est sale. Tu ne peux plus voir la route!

   Nettoyez le pare-brise, s'il vous plaît. _____

4. Tu penses que tes pneus ont besoin d'air.

   Vérifiez la pression des pneus, s'il vous plaît. _____

5. L'huile est très vieille.

   Faites la vidange, s'il vous plaît. _____

5 **Une entreprise familiale**   Ta famille vient d'acheter une station-service. Dessine un panneau publicitaire avec le nom de votre station-service et une liste des services que vous allez offrir aux automobilistes. **Answers will vary.**

6 **Mots croisés** Complète la grille à l'aide du verbe **conduire** à des formes et des temps différents.

HORIZONTALEMENT

1. Est-ce que tu sais… ?
2. Aujourd'hui, ils… leur mère à l'aéroport.
3. François… toujours trop vite.
4. Nous… une voiture française.
5. Tu… toujours sans regarder la route!

VERTICALEMENT

6. Hier, nous… sa voiture.
7. … doucement! Tu sais bien que la route est mauvaise.
8. Vous… vraiment bien!

7 **Que disent-ils?** Julien et Ali partent en Belgique pour le week-end. Ali a peur de rater le train et Julien prend son temps. Regarde les images et devine leur conversation. Utilise une expression différente dans chaque cas. **Answers may vary. Possible answers:**

Tu peux te dépêcher?

On a largement le temps.

Mais qu'est-ce que tu fais?

Du calme, du calme.

Il n'y a pas le feu.

On n'a pas le temps!

8 **Quelle impatience!**   Ton ami(e) et toi, vous êtes en route pour aller à un concert quand ta voiture tombe en panne. Ecris ta conversation avec ton ami(e) qui est très impatient(e) d'arriver au concert. **Answers will vary.**

> ■
> ■   *tomber en panne*   *avoir un pneu crevé*   *voir une station-service*
> ■
> ■
> ■   *vérifier la pression des pneus*   *faire le plein*   *mettre de l'air dans les pneus*
> ■

_____

_____

_____

_____

_____

_____

_____

_____

9 **Un petit service**   You need to go out of town on urgent business! Write two notes, one to your brother, about chores that need to be done in the house while you're gone, and one to the service-station manager about things that need to be done to your car. Use command forms. **Answers will vary. Possible answers:**

David, s'il te plaît,...

1. Fais la vaisselle.
2. Tonds le gazon.
3. Passe l'aspirateur.
4. Sors le chien.
5. Range la chambre.

M. Jourdain, s'il vous plaît,...

1. Mettez de l'air dans les pneus.
2. Vérifiez l'huile.
3. Nettoyez le pare-brise.
4. Faites la vidange.
5. Vérifiez les freins.

■ REMISE EN TRAIN

10 Une enquête sur la B.D. Remplis *(fill out)* ce questionnaire pour un magazine de jeunes.
Answers will vary.

• Quels sont tes personnages de B.D. préférés? (Par ordre de préférence.)

1. _____

2. _____

3. _____

4. _____

• Est-ce que tu préfères les B.D....

❏ de science-fiction?

❏ d'aventures?

❏ comiques?

❏ autre : _____

• Combien d'albums de B.D. est-ce que tu possèdes?

❏ Plus de 50

❏ Entre 30 et 49

❏ Entre 10 et 29

❏ Moins de 10

❏ Pas un

---

11 Au centre de la B.D. Est-ce que tu te souviens de Stéphane et d'Hervé au Centre de la
B.D.? Encercle les lettres devant les mots qui décrivent leur histoire.

1. Ils vont à Bruxelles pour visiter...
   a. une bibliothèque.
   b. un musée d'art.
   c. un musée de la bande dessinée. *(c encerclé)*
   d. un centre aéronautique.

2. *Le Sceptre d'Ottokar* est...
   a. le titre d'un album des Schtroumpfs®.
   b. le titre d'un album de Tintin®. *(b encerclé)*
   c. l'histoire de l'architecte Horta.
   d. le nom du musée.

3. Hervé est un fana...
   a. de science-fiction.
   b. des aventures de Tintin. *(b encerclé)*
   c. d'encyclopédies.
   d. d'architecture.

4. Stéphane veut...
   a. lire le Tintin qu'il n'a pas lu.
   b. lire une B.D. des Schtroumpfs. *(b encerclé)*
   c. lire une B.D. pleine d'actions.
   d. monter dans la fusée de Tintin.

■ DEUXIEME ETAPE

12 Des opinions différentes

a. Solange parle des B.D. qu'elle a lues. Est-ce qu'elle les aime ou non?

	oui	non
1.	✔	___
2.	___	✔
3.	✔	___
4.	___	✔
5.	___	✔

b. Tu n'es pas du tout d'accord avec Solange. Dis-lui ce que tu penses. **Answers will vary. Possible answers:**

1. Astérix, amusant? Mais non, ___c'est mortel!___

2. Les Schtroumpfs, ennuyeux? Mais non, ___c'est super!___

3. Ça te branche, Tintin? Pas moi! ___Ça m'ennuie à mourir.___

4. Lucky Luke, nul? Mais non, ___c'est cool!___

5. Mortel, Boule et Bill? Mais non, ___c'est génial!___

13 Qu'est-ce que tu en penses?   Dis ce que tu penses des choses suivantes. **Answers will vary.**

1. le français _____

   _____

2. le base-ball _____

3. la radio _____

   _____

4. les jeux vidéo _____

   _____

5. la musique rock _____

rigolo(te)   fou (folle)

marrant(e)

rasant(e)

dingue

mortel(le)

de mauvais goût

bébé

CHAPITRE 2   Deuxième étape

18 Au musée   Regarde le plan de ce petit musée et décide si l'employée du bureau d'informations donne **a) de bonnes** ou **b) de mauvaises directions.** Si les directions sont mauvaises, corrige-les. **Answers may vary. Possible answers:**

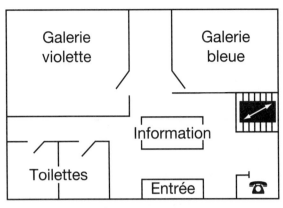

Rez-de-chaussée

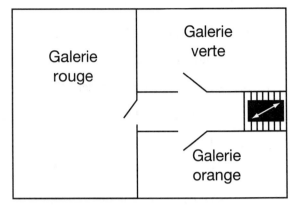

Premier étage

1. — Pardon, où se trouve la Galerie orange?
   — En bas, à droite de l'escalier.

   __b__   **En haut, à gauche de l'escalier.** _____

2. — Les toilettes, s'il vous plaît?
   — Elles sont juste là, à côté de l'entrée.

   __a__   _____

3. — Pardon, où se trouve la Galerie rouge?
   — En haut, au fond du couloir.

   __a__   _____

4. — Vous pourriez me dire où il y a un téléphone?
   — Au premier étage, à côté de la Galerie violette.

   __b__   **Juste là, à côté de l'entrée.** _____

5. — Pardon, mademoiselle. La Galerie verte, s'il vous plaît?
   — C'est au deuxième étage, à droite de l'escalier.

   __b__   **C'est au premier étage, à droite de l'escalier.** ____

19 Ta maison à toi   Un(e) ami(e) vient te voir. Dis-lui où se trouvent les endroits suivants par rapport à la porte d'entrée. **Answers will vary.**

1. (les toilettes) _____

   _____

2. (la cuisine) _____

   _____

3. (ta chambre) _____

   _____

■ LISONS!

20 *Boule et Bill*   Boule is a little boy and the main character of this **B.D.** In this story, he and his father are on the road. Read the **B.D.** and answer the questions in English. **Answers may vary. Possible answers:**

1. Why are the people at the gas station happy when they see a car?

   It's their first customer.

2. Why don't they usually have customers?

   Their gas station is in

   the middle of nowhere.

3. Why doesn't Boule's father want gas?

   He just filled up ten

   minutes ago.

Boule et Bill © 1980 ROBA & S.A. Editions, Jean Dupuis

4. Why did Boule and his father stop at the gas station?

   To get water for Bill.

5. Who is Bill?

   He's a dog.

6. Why does the owner of the gas station lose his temper at the end of the story?

   His only customer didn't buy gas.

■ PANORAMA CULTUREL

21 La Belgique

a. Answer the following questions. **Answers may vary. Possible answer:**

**CENTRE BELGE DE
LA BANDE DESSINEE**

ouvert tous les jours (sauf
lundi) de 10 à 18 heures
20 rue des Sables - B- 1000 Bruxelles
Tél.: 02/219.19.80
Fax : 02/219.23.76

**BELGISCH CENTRUM
VAN HET BEELDVERHAAL**

open alle dagen behalve op maandag
van 10 tot 18 uur.
Zandstraat 20 - B.1000 Brussel
Tel.: 02/219.19.80
Fax : 02/219.23.76

1. Look at this Belgian sign for the **Centre Belge de la Bande Dessinée.** What does it tell you about Belgium?

   There are two official languages in

   Belgium. Some Belgians speak French and

   some speak Flemish, a Dutch dialect.

2. Where in Belgium do they speak French?

   in the southern half of the country and in Brussels, the capital

3. What sweet foods is Belgium famous for?

   chocolates, waffles

4. What typical Belgian food can you eat in many American fast-food restaurants?

   French fries

b. You're spending part of the summer in Belgium. Write a letter to your friend Pierre, telling him about the country and what you're doing there. **Answers will vary.**

3 Soyons responsables!

■ MISE EN TRAIN

1 La permission Complète la conversation que Céline a avec son père.

faut   devoirs   possible   rentres   voulez

droit   peux   dois   toujours   si

CELINE Dites, je _____peux_____ aller chez Arnaud ce soir?

SON PERE Tu as fait tes _____devoirs_____?

CELINE Euh... pas les maths. Mais je peux les faire après.

SON PERE Pas question! Il _____faut_____ d'abord que tu étudies tes maths.

CELINE Mais, Papa! Je n'ai jamais le _____droit_____ de sortir!

SON PERE Bon, d'accord. _____Si_____ tu ne _____rentres_____ pas trop tard.

CELINE Chouette! Merci, Papa.

CHAPITRE 3 Mise en train

■ PREMIERE ETAPE

2 **Que de responsabilités!** Chaque semaine, tes parents te donnent un calendrier avec les tâches ménagères que tu dois faire pendant la semaine.

a. Complète le calendrier. **Answers may vary. Possible answers:**

LUNDI	MARDI	MERCREDI	JEUDI	VENDREDI	SAMEDI
sortir le **chien**	débarrasser **la table**	donner à **manger** au chien	**laver** les vitres	**faire** la lessive	tondre la **pelouse**
mettre la **table**	**faire** la poussière	passer l' **aspirateur**	nettoyer la **salle** de bains	**garder** ton petit frère	**arroser** le jardin

b. Tu demandes à ton petit frère de faire quelques tâches à ta place. Il est d'accord pour en faire cinq cette semaine. Dis-lui ce qu'il faut faire et quand. **Answers will vary. Possible answers:**

Exemple : <u>Lundi, il faut mettre la table.</u>

1. **Mardi, il faut faire la poussière.**
2. **Mercredi, il faut passer l'aspirateur.**
3. **Jeudi, il faut laver les vitres.**
4. **Vendredi, il faut faire la lessive.**
5. **Samedi, il faut arroser le jardin.**

3 **Quelle journée!** Dis ce que ces jeunes font chez eux. **Answers may vary. Possible answers:**

Elle tond la pelouse.

Il passe l'aspirateur.

Elle donne à manger au chat.

Elle arrose le jardin.

Allez, viens! Level 3, Chapter 3

CHAPITRE 3 Première étape

4 A la maison Quelles sont les tâches que chacun fait chez toi et quand est-ce que vous les faites? **Answers will vary.**

＿＿＿＿＿＿＿＿＿＿＿＿＿＿＿＿＿＿＿＿＿＿＿＿

＿＿＿＿＿＿＿＿＿＿＿＿＿＿＿＿＿＿＿＿＿＿＿＿

＿＿＿＿＿＿＿＿＿＿＿＿＿＿＿＿＿＿＿＿＿＿＿＿

＿＿＿＿＿＿＿＿＿＿＿＿＿＿＿＿＿＿＿＿＿＿＿＿

＿＿＿＿＿＿＿＿＿＿＿＿＿＿＿＿＿＿＿＿＿＿＿＿

＿＿＿＿＿＿＿＿＿＿＿＿＿＿＿＿＿＿＿＿＿＿＿＿

＿＿＿＿＿＿＿＿＿＿＿＿＿＿＿＿＿＿＿＿＿＿＿＿

＿＿＿＿＿＿＿＿＿＿＿＿＿＿＿＿＿＿＿＿＿＿＿＿

＿＿＿＿＿＿＿＿＿＿＿＿＿＿＿＿＿＿＿＿＿＿＿＿

5 Je peux?

a. How would you ask your parent permission in French in these situations? Use a different expression in each case. **Answers will vary. Possible answers:**

1. You want to go to the movies with your friends.

   Je peux aller au cinéma avec mes copains?

2. You don't want to water the yard right now.

   Ça te dérange si j'arrose le jardin plus tard?

3. You want to go out with a friend tonight.

   Tu veux bien que je sorte avec un copain ce soir?

4. You want to go hiking.

   J'aimerais aller faire une randonnée. Tu es d'accord?

5. You want to go to a rock concert.

   Est-ce que je peux aller à un concert de rock?

b. How would your parent respond? **Answers will vary. Possible answers:**

1. **Oui, si tu as fait tes devoirs.**

2. **Pas question. Tu dois arroser le jardin maintenant.**

3. **Ce n'est pas possible. Il faut que tu travailles tes maths.**

4. **Non, tu dois garder ta petite sœur.**

5. **Oui, bien sûr!**

CHAPITRE 3 Première étape

6 Pas vendredi!   Tu veux organiser une boum chez toi vendredi soir, mais ta mère t'explique pourquoi tu dois choisir un autre jour. Complète ce qu'elle dit à l'aide du verbe **devoir**.

1. Ton frère et toi, vous _____**devez**_____ partir très tôt samedi matin pour rendre visite à vos grands-parents.

2. Je _____**dois**_____ préparer vos affaires pour le week-end.

3. Ton père et moi, nous _____**devons**_____ nous coucher tôt vendredi soir.

4. Ta sœur _____**doit**_____ être en forme pour son match de volley de samedi.

5. Chantal et Philippe _____**doivent**_____ travailler vendredi soir, et on ne peut pas faire une boum sans eux!

6. Et toi, tu _____**dois**_____ faire tes devoirs pour lundi.

7 Il faut que...   Complète les phrases suivantes avec des verbes appropriés au subjonctif. **Answers will vary. Possible answers:**

1. Il faut que Michèle _____**rentre**_____ avant dix heures.

2. Il faut que nous _____**finissions**_____ nos devoirs avant de partir.

3. Il faut que tu _____**répondes**_____ à sa lettre.

4. Il faut que François _____**prenne**_____ le bus pour venir chez nous.

5. Il faut que vous _____**mettiez**_____ la table ce soir.

6. Mes parents ne veulent pas que je _____**sorte**_____ vendredi soir.

7. La police veut qu'il _____**dise**_____ la vérité.

8. Il faut qu'elles _____**fassent**_____ leurs devoirs avant de partir.

rentrer   prendre
finir   mettre
répondre   sortir
faire   dire

8 De bons conseils   Linette et Bertrand vont passer des vacances en Suisse. Avant de partir, leur mère leur fait des recommandations. Combine les éléments de ses phrases pour savoir ce qu'elle leur dit. **Answers may vary. Possible answers:**

Exemple : N'oubliez pas d'envoyer une carte postale à Luc.

Il faut que vous Vous devriez N'oubliez pas de(d')	envoyer emporter acheter arriver prendre téléphoner	à votre grand-mère à la gare à l'heure une carte postale à Luc un pull-over un souvenir à votre sœur assez d'argent

1. **Vous devriez prendre un pull-over.**

2. **N'oubliez pas de téléphoner à votre grand-mère.**

3. **Il faut que vous achetiez un souvenir à votre sœur.**

4. **Il faut que vous emportiez assez d'argent.**

5. **Il faut que vous arriviez à la gare à l'heure.**

Allez, viens! Level 3, Chapter 3

9 La voix de la raison   Qu'est-ce que tu peux dire à ces gens *(people)* pour qu'ils changent leurs mauvaises habitudes? **Answers may vary. Possible answers:**

1. Une copine roule à 150 kilomètres à l'heure sur l'autoroute.

   Tu dois __conduire prudemment.__

2. Ton frère ne laisse pas ses amis regarder sa collection d'*Astérix*®.

   Il faut que tu __partages tes affaires.__

3. Tes copains François et Siméon ne parlent pas poliment de leurs professeurs.

   Vous devez __respecter les profs.__

4. Ta copine Suzanne ne fait jamais attention aux autres.

   Il faut que tu __sois attentionnée.__

5. Tes frères n'aiment pas les gens qui n'ont pas les mêmes opinions qu'eux.

   Vous devez __être plus tolérants.__

6. Une camarade de classe n'est pas sincère *(honest)*.

   Tu dois __dire la vérité.__

7. Tes copains mangent toujours des hamburgers et des frites.

   Vous devez __manger mieux.__

8. Ta sœur n'est jamais sûre de ce qu'elle doit faire. Elle demande toujours les opinions des autres.

   Il faut que tu __prennes tes propres décisions.__

9. Ton cousin, Arnaud, va faire une randonnée dans la forêt.

   Il faut que tu __sois prudent.__

10 Pour réussir dans la vie   Imagine you've reached the age of 80. You're giving your grandchild advice on how to be successful in life. Use **Il faut que tu...** and **Tu dois... Answers will vary.**

_____

_____

_____

_____

_____

_____

_____

_____

_____

CHAPITRE 3 Première étape

Nom _____ Classe _____ Date _____

■ REMISE EN TRAIN

11 Mots croisés   Choisis les mots qui correspondent aux définitions et place-les dans la grille.

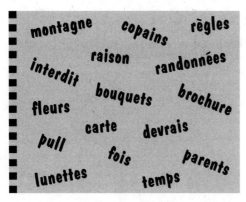

montagne   copains   règles
interdit   raison   randonnées
fleurs   bouquets   brochure
   carte   devrais
pull   fois   parents
lunettes   temps

1. Ce qu'on doit respecter pour faire une bonne randonnée
2. Les longues promenades qu'on fait en montagne
3. Ce qu'on peut porter pour se protéger contre le froid
4. Ce que Gilles a cueilli
5. Où Gilles et Isabelle sont allés
6. Ce qu'on peut porter quand il fait du soleil
7. Ce qu'on doit emporter pour ne pas se perdre en montagne
8. Ce que Gilles et Isabelle ont lu avant de partir
9. Les personnes qui ont permis à Gilles de partir avec ses amis
10. Ce qu'on doit surveiller quand on est en montagne

12 Vrai ou faux?

1. __faux__ Isabelle a cueilli des fleurs.
2. __vrai__ Gilles veut offrir des fleurs à Isabelle.
3. __faux__ La brochure parle du camping à la campagne.
4. __faux__ Isabelle refuse les fleurs de Gilles.
5. __vrai__ L'équipement est important quand on fait des randonnées.
6. __faux__ Gilles respecte toutes les règles de la brochure.
7. __vrai__ Isabelle a lu la brochure.
8. __vrai__ La brochure dit qu'on ne doit pas cueillir de fleurs.

30 Practice and Activity Book, Teacher's Edition

Allez, viens! Level 3, Chapter 3

CHAPITRE 3 Remise en train

■ DEUXIEME ETAPE

13 En classe de français   Quelles interdictions sont affichées *(posted)* dans ton école?
Answers will vary. Possible answers:

1. Interdiction de ___stationner ici.___

2. Défense de ___fumer.___

3. Prière de ne pas ___écrire sur les murs.___

4. Veuillez ne pas ___marcher sur la pelouse.___

14 Pour l'environnement   Parmi les habitudes suivantes, lesquelles sont bonnes et lesquelles sont mauvaises pour l'environnement?

fumer   partager son véhicule   gaspiller l'énergie   éteindre les lumières
utiliser un aérosol   planter des arbres   jeter des ordures dans l'eau   recycler

éteindre les lumières	fumer
partager son véhicule	utiliser un aérosol
planter des arbres	jeter des ordures dans l'eau
recycler	gaspiller l'énergie

15 Un sondage   Tu prépares un sondage pour le magazine *Salut, les jeunes.* Pose cinq questions précises aux lecteurs *(readers)* au sujet de leurs habitudes vis-à-vis de l'environnement.
Answers will vary. Possible answers:

Q : Est-ce que tu éteins toujours les lumières?	Oui ❏	Non ❏
Q : Est-ce que tu recycles le plastique ?	Oui ❏	Non ❏
Q : Est-ce que tu plantes des arbres ?	Oui ❏	Non ❏
Q : Est-ce que tu prends des transports en commun ?	Oui ❏	Non ❏
Q : Est-ce que tu utilises des aérosols ?	Oui ❏	Non ❏
Q : Est-ce que tu utilises beaucoup d'eau quand tu te laves ?	Oui ❏	Non ❏

CHAPITRE 3 Deuxième étape

16 Que disent-ils? Dis si ces personnes **a) font des reproches**, **b) se justifient** ou **c) rejettent des excuses.**

1.
> Je ne suis pas le seul à jeter des papiers par terre!

2.
> Ce n'est pas parce que tout le monde le fait que tu dois le faire.

3.
> Je suis quand même libre, non?

4.
> Ce n'est pas une raison.

5.
> Tu ferais mieux de prendre des transports en commun.

6.
> Tu as tort de conduire si vite.

7.
> Ce n'est pas bien de gaspiller l'énergie.

1. __b__   5. __a__
2. __c__   6. __a__
3. __b__   7. __a__
4. __c__

17 De mauvaises habitudes Qu'est-ce que tu peux dire aux personnes suivantes?
Answers will vary. Possible answers:

Exemple : Ta mère fume. <u>Maman, tu ne devrais pas fumer!</u>

1. Ton frère utilise beaucoup trop de papier.

   <u>Tu ne devrais pas gaspiller le papier!</u>

2. Ton prof d'anglais va à l'école tout seul dans une grande voiture.

   <u>Vous devriez partager votre véhicule!</u>

3. Tes frères laissent toujours les lumières allumées.

   <u>Vous devriez éteindre les lumières!</u>

4. Ton ami Claude jette les bouteilles dans la poubelle.

   <u>Tu devrais recycler!</u>

5. Ta cousine Renée met sa musique très fort.

   <u>Tu ne devrais pas faire de bruit!</u>

Nom _____ Classe _____ Date _____

18 Strictement interdit!

a. Chaque fois que tu vas quelque part avec Hélène et Sophie, elles font quelque chose de défendu. Fais-leur des reproches. **Answers may vary. Possible answers:**

1.

2.

3.

4.

1. **Vous ne devriez pas faire de bruit.**

2. **Ce n'est pas bien de fumer au restaurant.**

3. **Tu as tort de jeter des ordures par terre.**

4. **Tu ne devrais pas gaspiller l'eau.**

b. Maintenant, crée les panneaux d'interdiction qu'Hélène et Sophie devraient lire et respecter.

1.

2.

3.

4.

CHAPITRE 3 Deuxième étape

19 Débats écologistes   Julien ne fait pas attention à l'environnement et, quand Nathalie le lui reproche, il trouve toujours des excuses. Nathalie, elle, rejette les excuses de Julien. Imagine leurs conversations dans les situations suivantes. **Answers will vary. Possible answers:**

a. Julien a jeté des sacs en plastique sur la plage.

NATHALIE	Mais, Julien, tu ne devrais pas jeter tes ordures sur la plage!
JULIEN	Je suis quand même libre, non?
NATHALIE	Ce n'est pas une raison pour polluer la plage. Tu ferais mieux de
	recycler ces sacs en plastique.
JULIEN	Bon, bon, d'accord!

_____

_____

b. Julien utilise des déodorants en aérosol.

NATHALIE	Dis, Julien! Ce n'est pas bien d'utiliser des aérosols!
JULIEN	Pourquoi?
NATHALIE	Les aérosols peuvent être mauvais pour l'environnement.
JULIEN	Bof, tout le monde utilise des aérosols, tu sais.
NATHALIE	Julien, ce n'est pas parce que tout le monde le fait que tu dois le faire!
JULIEN	Bon, ça va, Nathalie!

_____

20 Un paradis écologique   Décris une société écologiste parfaite. Imagine tout ce que les gens devraient faire et éviter de faire pour protéger l'environnement, pour conserver l'énergie, pour rester en bonne santé et pour vivre en harmonie avec leurs voisins. **Answers will vary.**

_____

_____

_____

_____

_____

_____

_____

_____

_____

_____

■ LISONS!

21 **L'énergie, vous y pensez?** Read this announcement from **l'Agence française pour les économies d'énergie** addressed to motorists, and list in English the actions that are recommended and those that are discouraged. **Answers may vary. Possible answers:**

MONTREZ VOTRE RESPECT POUR LA NATURE
diminuez la pollution de l'air
en faisant des économies d'énergie

Avec l'été, les risques de pollution augmentent ; il y a plus de voitures sur les routes et la chaleur diminue la dispersion des gaz. Alors, pourquoi ne pas prendre quelques précautions?

- D'abord, respectez les limitations de vitesse. On consomme beaucoup plus d'essence à 110 km/h qu'à 90.
- Si vous êtes arrêtés trop longtemps, coupez votre moteur.
- Evitez les routes à trop grande circulation. La concentration de milliers de véhicules favorise la pollution.
- Evitez aussi de prendre votre voiture pour de petits parcours. Pourquoi ne pas marcher ou prendre votre bicyclette pour aller acheter le pain?

Les vacances ne sont-elles pas l'occasion de se réconcilier avec la nature? Alors, profitez de vos vacances, respectez la nature…

Une annonce de l'Agence française pour les économies d'énergie

chaleur : *heat;* **parcours :** *distances*

Recommended	Discouraged
respecting speed limits	using busy roads
turning off your engine when	driving when going short
you're stopped on the road	distances
for a long time	
walking or riding a bicycle	
when going short distances	
enjoying your vacation while	
respecting nature	

CHAPITRE 3 Lisons!

■ PANORAMA CULTUREL

22 Le romanche   Read the article and answer the questions that follow in English. **Answers may vary. Possible answers:**

> Romansch was first recognized as a national language during WWII, as a defense against influence from Nazi Germany. The peoples scattered among the mountain valleys of Grau-bünden, Switzerland's eastern-most canton, had lived isolated from one another until well into the nineteenth century. Though they spoke a common language, Romansch, the five dialects made it difficult to understand one another. In the early 1980's a group of linguists began the difficult task of standardizing the idioms and spelling rules. When they cannot find a Romansch equivalent of a term, they make one up, or take an archaic term and bring it back into use. For example, the word *rumal* was a sledge to haul tree trunks over difficult terrain; now, it means *ski lift.* The Graubünden Greens, an ecological group, have taken on the defense of Romansch as an ecological battle. They are trying to protect their region from the effects of excessive tourism. The Romansch lan-guage, some believe, is the closest living language to that of the late Roman Empire.

a. True or false?

_____false_____ 1. There are four dialects of Romansch.

_____true_____ 2. Efforts to standardize the idioms and spelling rules of Romansch began in the '80s.

_____false_____ 3. The term **rumal** has always meant *ski lift* in Romansch.

_____false_____ 4. Some people believe that Romansch is the closest living language to that of the Babylonian Empire.

b. Why do you think an ecological group might be against too much tourism?

Too much tourism could affect the environment.

_____

_____

23 La protection de l'environnement

1. What is a **minuterie**?

    A device in apartment buildings that turns the lights off automatically after a

    certain period of time. It's designed to save electricity.

2. What are some of the major concerns young francophones seem to have about the environment?

    They don't like the fact that some people discard trash in public places. They

    are concerned about the ozone layer, excessive consumption, and the use of

    dangerous chemicals.

CHAPITRE **4**

Des goûts et des couleurs

■ MISE EN TRAIN

1 De quoi parlent-ils? Axcelle et Jérôme feuillètent *(are glancing through)* un catalogue de mode. Regarde les images du catalogue et devine de quels vêtements ils parlent.

a. 950 F

b. 250 F

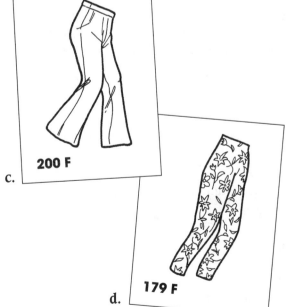

c. 200 F

d. 179 F

_d___ — Oh! Regarde, Jérôme! Il est super, le caleçon imprimé, tu ne trouves pas?

— Bof... Il est un peu bizarre, mais enfin.

_a___ — J'aimerais m'acheter un costume comme celui-là.

— Oui, il est très chic... mais il est cher aussi!

_c___ — Tu veux pas un pantalon pattes d'eph comme ça?

— Tu rigoles ou quoi?

— Mais, pas du tout. Je suis sûr que ça t'irait très bien.

_b___ — Je crois que je vais commander la robe à pois. Tu aimes?

— Ouais. Elle est mignonne.

— Et en plus, les pois, c'est très à la mode.

■ PREMIÈRE ÉTAPE

2 Les intrus Qu'est-ce qui n'appartient pas à chaque catégorie?

1. un pull
   un gilet en laine
   un pantalon
   ~~un sac~~

2. des hauts talons
   des bottes
   ~~des pendentifs~~
   des sandales

3. ~~un col en V~~
   un sac
   un pendentif
   des gants

4. un caleçon
   un collant
   un pantalon
   ~~un chemisier~~

5. une robe à pois
   une robe à rayures
   une robe écossaise
   ~~une robe en laine~~

6. un pull
   un gilet
   un col roulé
   ~~un collant~~

3 Des achats Tes parents t'ont donné de l'argent pour acheter de nouveaux vêtements. Fais une liste de ce que tu vas acheter. **Answers will vary.**

_____
_____
_____
_____
_____
_____
_____

4 Qu'est-ce qu'ils disent? Lucie et ses amis sont à une soirée et, bien sûr, ils parlent de leur look! Les uns demandent des opinions; les autres en donnent. Complète leurs conversations avec des mots appropriés. **Answers may vary. Possible answers:**

1. LUCIE _____**Comment**_____ tu trouves ce gilet?

   ANNICK Je _____**le**_____ trouve super!

2. DENISE Qu'est-ce que tu _____**penses**_____ de mon pattes d'eph?

   PAULINE J'aime bien ce _____**genre**_____ de pantalon.

3. MARC Il te _____**plaît**_____, ce costume?

   SEVERINE Non, je trouve qu'il _____**fait**_____ vieux.

4. LUCIE Tu as une nouvelle mini-jupe?

   CAMILLE Oui, elle te _____**plaît**_____?

   LUCIE Ben... je ne l'aime pas _____**tellement**_____.

5 Des avis différents   Est-ce que ces opinions sont positives ou négatives?

a. Il est affreux, ce foulard!

b. C'est drôlement vulgaire!

c. Qu'est-ce que c'est ringard!

d. Oh, dis donc! Elle est classe, ta veste!

e. C'est vraiment génial, ça.

f. Tu as vu son costume? Il est tape-à-l'œil, non?

	Positive	Négative
a.		✔
b.		✔
c.		✔
d.	✔	
e.	✔	
f.		✔

6 Ta mode à toi   Le magazine **Mode jeune**, pour lequel tu travailles, t'a désigné(e) «créateur/créatrice de mode». En utilisant des photos de magazine, fais un collage des vêtements que tu aimes. Ensuite, commente ton style. **Answers will vary.**

Allez, viens! Level 3, Chapter 4

Practice and Activity Book, Teacher's Edition **39**

7 **Le jeu des paires** Trouve la réponse à chaque question.

__c__ 1. Tu aimes ces hauts talons?	**a.** Si, je l'aime bien.
__f__ 2. Qu'en penses-tu?	**b.** Celle qui a un col en V.
__g__ 3. Quel pantalon est-ce que tu préfères?	**c.** Oui, j'aime ce genre de chaussures.
__a__ 4. Tu n'aimes pas le pull vert?	**d.** Celles en cuir noir.
__b__ 5. Laquelle est-ce que tu veux?	**e.** Ceux-là.
__d__ 6. Quelles bottes est-ce que tu aimes?	**f.** Je trouve ça plutôt vulgaire.
__e__ 7. Quels gants tu vas lui acheter?	**g.** Celui de la fille à gauche.
__h__ 8. Tu trouves ça tape-à-l'œil, toi?	**h.** Non, non. Ça fait très classe!

8 **Celui-ci ou celui-là?** Tu vas dans un grand magasin avec un(e) ami(e) et tu lui demandes son opinion sur quelques vêtements que tu penses acheter. Complète votre conversation d'après l'exemple.

Exemple : — Tu aimes ce foulard en soie?
— <u>Lequel?</u>
— <u>Celui-là.</u>

1. — Il te plaît, ce gilet en laine?
   — **Lequel** _____?
   — **Celui-là** _____.

2. — Comment tu trouves ces bottes en cuir noir?
   — **Lesquelles** _____?
   — **Celles-là** _____.

3. — Que penses-tu de ces pulls à col en V?
   — **Lesquels** _____?
   — **Ceux-là** _____.

4. — Tu n'aimes pas cette chemise à rayures?
   — **Laquelle** _____?
   — **Celle-là** _____.

5. — Qu'est-ce que tu penses de ce caleçon vert?
   — **Lequel** _____?
   — **Celui-là** _____.

9 A une boum

a. Ton ami Emile et toi, vous êtes à une boum. Emile ne connaît pas les autres jeunes et il te demande de les identifier. Tu lui réponds en décrivant leurs vêtements. Imagine votre conversation. **Answers will vary. Possible answers:**

a. Lin   b. Damien   c. Noémie   d. Frédéric   e. Marie-Pierre

— La fille à la mini-jupe écossaise, c'est Marie-Pierre.

— Et celle qui a un caleçon à pois, c'est qui?

— Laquelle?

— Celle-là, au long tee-shirt.

— Ça, c'est Lin. Et le garçon qui a un pantalon à pinces, c'est Frédéric.

— Quel garçon? Celui qui a une cravate?

— Oui. Et cette fille-là, c'est Noémie.

— Quelle fille?

— Celle à la robe à col en V.

— Et ce garçon-là, c'est qui?

— Lequel?

— Celui au jean et au gilet?

— C'est Damien.

b. Maintenant, Emile veut savoir ce que tu penses des vêtements de tes amis. Donne-lui ton opinion et une explication. **Answers will vary. Possible answers:**

1. Tu n'aimes pas la mini-jupe de Marie-Pierre?

   Si, je l'aime bien. Elle est classe.

2. Comment tu trouves le pantalon de Frédéric?

   Je le trouve super! J'aime bien ce genre de pantalon.

3. Qu'est-ce que tu penses des bottes de Marie-Pierre?

   Je trouve qu'elles font ringard. Je n'aime pas les bottes.

4. Il te plaît, le gilet de Damien?

   Non, je ne l'aime pas tellement. Les gilets, ça fait cloche!

5. Tu n'aimes pas le caleçon de Lin?

   Si, il me plaît beaucoup! Je trouve qu'il fait chic.

■ REMISE EN TRAIN

10 Chacun son style! Complète le journal de Larissa.

mascara
va
paupières
dingues
rouge
cheveux
teindre
mettre
friser
coupe
tape-à-l'œil

Le 6 octobre

J'ai passé la journée avec Perrine. On va à une boum ce soir. J'ai conseillé à Perrine de ne pas __mettre__ *de* __mascara__ *parce que ça fait trop* __tape-à-l'œil__ *. Elle a décidé de mettre sa robe violette et du* __rouge__ *à lèvres orange. Elle a une ombre à* __paupières__ *géniale et elle me l'a prêtée. Elle est allée chez Biguine hier pour se faire couper les* __cheveux__ *. Il y avait des clients aux coupes* __dingues__ *. Perrine voulait se faire faire sa* __coupe__ *habituelle, mais après avoir vu les autres clients, elle a décidé de se faire* __friser__ *et* __teindre__ *en orange. J'aime bien ses cheveux comme ça et l'orange lui* __va__ *très bien.*

11 Des coupes pour tous les goûts Devine le nom de ces trois jeunes d'après la description de leur coupe de cheveux.

Julien a les cheveux tondus.

Dorothée a les cheveux longs et raides.

François a les cheveux très courts.

Frédéric a des spikes.

Karine a les cheveux frisés.

Caroline a les cheveux courts d'un côté et longs de l'autre.

Caroline

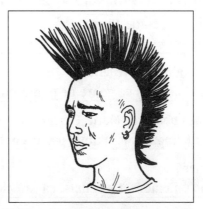

Frédéric

Karine

Allez, viens! Level 3, Chapter 4

■ DEUXIEME ETAPE

12 Qui est-ce? Regarde cette image et indique à qui correspond chaque description.

__4__ Cette personne a les cheveux noirs et une barbe.

__2__ Cette personne a les cheveux courts et frisés.

__5__ Cette personne a les cheveux noirs, une coupe au carré et une frange.

__3__ Cette personne a les cheveux courts et blancs, et une moustache.

__6__ Cette personne a un chignon.

__1__ Cette personne a les cheveux noirs et une queue de cheval.

13 Coiffures à gogo Dis ce que tu penses de ces styles de coiffure. **Answers will vary.**

c'est tape-à-l'œil.

ça fait ringard.

ça fait classe.

c'est cloche.

c'est vulgaire.

c'est super.

ça fait vieux.

c'est délirant.

c'est affreux.

c'est nul.

c'est élégant.

Les cheveux frisés, _____

Les cheveux en brosse, _____

Les cheveux courts, _____

Les cheveux longs, _____

Les cheveux teints, _____

La coupe au carré, _____

Le chignon, _____

La queue de cheval, _____

Les nattes, _____

Les permanentes, _____

14 C'est «in» ou c'est «out»? Parmi tes copains et copines, quels styles de coiffure sont à la mode et quels styles sont démodés? **Answers will vary.**

la coupe au carré   la queue de cheval   le chignon   les nattes   la frange

les cheveux frisés

les cheveux courts   les cheveux en brosse   les cheveux longs   les pattes

à la mode	démodé

15 Coiffures à la mode Décris ton propre style de coiffure. **Answers will vary.**

_____

_____

_____

_____

Maintenant, décris le style de coiffure de ton/ta meilleur(e) ami(e) et donne ton opinion de son style. **Answers will vary.**

_____

_____

_____

Finalement, décris le style de coiffure d'un de tes profs. Qu'en penses-tu? **Answers will vary.**

_____

_____

_____

_____

16 La semaine dernière Lundi, Madame Dupuis a écrit cette liste de choses à faire ce jour-là. Dis ce qu'elle a fait faire ou s'est fait faire.

> *couper les cheveux*
>
> *faire une permanente*
>
> *teindre en noir*
>
> *vérifier la pression des pneus*
>
> *nettoyer ma robe*
>
> *réparer la télévision*

Exemple : Elle s'est fait couper les cheveux.

1. **Elle s'est fait faire une permanente.**

2. **Elle s'est fait teindre en noir.**

3. **Elle a fait vérifier la pression des pneus.**

4. **Elle a fait nettoyer sa robe.**

5. **Elle a fait réparer la télévision.**

17 Des compliments Fais des compliments à tes amis. **Answers will vary. Possible answers:**

1. Jacques porte un polo vert et il a les yeux verts.

   Ça va avec tes yeux.

2. Paul hésite à acheter un costume. Il porte toujours des jeans.

   Je te trouve très bien comme ça.

3. Lucien porte un pantalon de la même couleur que son col roulé.

   Ton pantalon est assorti à ton col roulé.

4. Martine est très sérieuse et elle porte un ensemble très sobre.

   C'est tout à fait toi.

5. Sandrine porte une robe en soie. D'habitude, elle porte un pantalon.

   Que tu es jolie avec ça!

6. Janine porte une nouvelle jupe bleu marine avec un chemisier blanc en soie.

   Ta jupe est bien assortie à ton chemisier.

18 Les bonnes manières
Dis comment Habib peut répondre aux compliments de ses ami(e)s. Utilise une expression différente dans chaque cas. **Answers will vary. Possible answers:**

1.
> Ça te va très bien, les cheveux courts.

2.
> Je te trouve très chic en costume.

3.
> Ces bottes en cuir, c'est tout à fait toi!

4.
> Il est super, ton pantalon!

1. ____ C'est gentil. _____

2. ____ Ça te plaît vraiment? _____

3. ____ Tu crois? _____

4. ____ Oh, c'est un vieux truc! _____

19 Ça m'étonnerait!
Les personnes suivantes n'acceptent pas facilement les compliments. Rassure-les! Utilise une expression différente dans chaque cas. **Answers will vary. Possible answers:**

1. — J'aime bien ta nouvelle couleur de cheveux.
   — Vraiment?
   — ____ **Je t'assure!** _____

2. — C'est tout à fait toi, cette robe à pois!
   — Tu crois?
   — ____ **Fais-moi confiance.** _____

3. — L'ombre à paupières te va très bien.
   — Ça te plaît vraiment?
   — ____ **Oui. Je ne dis pas ça pour te faire plaisir.** _____

20 Les copines
Caroline et Bénédicte se rencontrent au restaurant. Elles parlent de leurs vêtements et se font des compliments. Imagine leur conversation. **Answers will vary.**

_____

_____

_____

_____

_____

_____

_____

■ LISONS!

21 Quelques courants de la mode   Read this article about designer fashion trends.

Quoi de neuf chez les grands couturiers?

Cette année, la mode redevient plus sage. Finis les mini-jupes et les caleçons aux couleurs acidulées qui donnaient des allures d'adolescente. Dans leurs nouvelles collections, les couturiers réinventent une silhouette plus élégante, plus féminine et plus classique.

La laine et la soie reviennent à l'honneur chez le Français Paul Carré. Les tons sont profonds et riches, les formes sont souples et embellissent le mouvement. Il s'aide d'accessoires pour accentuer la forme recherchée : les chaussures à hauts talons allongent et amincissent les silhouettes.

Chez le couturier italien Giovanni Bolli, les imprimés aux coloris chatoyants et variés sont rois. Les pois, les rayures, les motifs écossais ou floraux apportent une note de fantaisie nécessaire à sa collection qui se veut de coupe plus sobre et plus classique, en un mot : intemporelle.

L'Anglaise Stella Smith, elle, met l'accent sur les accessoires. Qu'il s'agisse de ceintures, de sacs, de pendentifs aux facettes multiples, de boucles d'oreilles ou de chapeaux ornés de voilettes mystérieuses, les accessoires ajoutent une note d'exotisme qu'on retrouve tout au long de son défilé.

La mode de cette année réunit à la fois la fantaisie et le classique, la simplicité et la sophistication. Elle inspire la femme à reprendre sa féminité en main.

---

a. Answer the following questions based on the article above. **Answers may vary. Possible answers:**

1. What is no longer in style this year?

   mini skirts and bright colored leggings

2. What are the differences in the styles of the French and Italian designers?

   The French designer uses deep, rich colors and a fluid style that emphasizes

   movement while the Italian designer Bolli has shimmering printed fabrics

   that lend a whimsical touch to classic patterns.

3. What are the characteristics of the English collection?

   Use of accessories: belts, bags, pendants, earrings and hats

b. Write a brief review in French of common fashion trends among teenagers today. Comment on styles, colors, popular clothes, and accessories. **Answers will vary.**

Nom _____ Classe _____ Date _____

■ PANORAMA CULTUREL

22 Parlons mode!

a. Can you name these fashion styles in French?

grunge

baba

BCBG

b. Answer the following questions in English. **Answers may vary. Possible answers:**

1. What are **Galeries Lafayette** and **Printemps**?

   department stores

2. Can everybody buy **haute couture** clothes? Why or why not?

   No. They're very expensive.

3. Would you go to Kookaï or Nina Ricci to buy relatively inexpensive clothes?

   Kookaï

c. Based on what you know about French clothing trends and habits, are there major differences between the French and the American attitudes towards fashion? If so, what are they? **Answers will vary.**

Nom_____ Classe_____ Date_____

C'est notre avenir

■ MISE EN TRAIN

1 L'avenir, c'est demain Quelles sont les conditions à remplir avant que ces jeunes Sénégalais réalisent leur rêve?

___d___ 1. Lamine : J'entrerai à l'université…

___e___ 2. Omar : Je pourrai devenir célèbre…

___c___ 3. Ousmane : Je serai chauffeur de taxi…

___f___ 4. Penda : Je chercherai du travail dans une banque…

___a___ 5. Fatima : J'aiderai mes parents dans leur boutique de vêtements…

___b___ 6. Safiétou : J'irai en France travailler dans une entreprise d'import-export…

a. si je ne trouve pas autre chose.

b. si je peux obtenir un permis de travail.

c. si j'obtiens mon permis de conduire.

d. si je réussis mon bac.

e. si je peux me consacrer entièrement à la musique.

f. si je reçois mon diplôme de l'école de commerce.

2 De qui s'agit-il? Dis lequel des personnages de **L'avenir, c'est demain** parle de son avenir.

___Fatima___ «Je vais peut-être travailler avec mes parents.»

___Safiétou___ «Je veux aller travailler avec mon frère.»

___Lamine___ «J'aimerais bien être médecin.»

___Omar___ «Je voudrais jouer du saxophone.»

___Ousmane___ «Je pense être chauffeur, comme mon père.»

___Penda___ «Je compte habiter avec mon oncle à Dakar.»

Allez, viens! Level 3, Chapter 5

Practice and Activity Book, Teacher's Edition **49**

■ PREMIERE ETAPE

3 La vie de M. Sembene   M. Sembene est maintenant à la retraite *(retired)*. Organise les étapes de sa vie dans l'ordre qui te paraît le plus logique. **Answers may vary. Possible answers:**

■ faire son service militaire   choisir un métier   faire un apprentissage
■
■ quitter sa famille   se marier   trouver du travail   avoir des enfants

1. Il a quitté sa famille.

2. Il a fait son service militaire.

3. Il a choisi un métier.

4. Il a fait un apprentissage.

5. Il a trouvé du travail.

6. Il s'est marié.

7. Il a eu des enfants.

4 Que choisir?   Lis les projets de week-end de ces jeunes Sénégalais et décide lesquels savent ce qu'ils vont faire et lesquels hésitent encore.

OUSMANE   Peut-être que j'irai à Rosso.

LAMINE   J'ai l'intention de faire un pique-nique.

PENDA   Je tiens à sortir avec ma grand-mère.

SAFIETOU   Je pense aller au cinéma avec Luc.

ADJA   Il se peut que j'aille à la bibliothèque.

FATIMA   Je compte aller voir mes cousins à Saint-Louis.

Sûr(e)	Pas sûr(e)
Lamine	Ousmane
Penda	Adja
Safiétou	
Fatima	

5 Une enquête   Le journal du lycée fait une enquête sur ce que les lycéens comptent faire plus tard. Lis leurs réponses et devine les questions qu'on leur a posées. **Answers will vary. Possible answers:**

Q : **Est-ce que tu comptes faire des études après le bac?**

AHMED   Non. Je veux commencer à travailler tout de suite après le bac.

Q : **Qu'est-ce que tu penses faire comme métier?**

JEAN   Je voudrais devenir pilote de ligne.

Q : **Qu'est-ce que tu as l'intention de faire plus tard?**

PAULA   Il est possible que je fasse un apprentissage pour devenir mécanicienne.

Q : **Est-ce que tu vas faire des études après le lycée?**

TRANH   Oui. Je vais faire des études de médecine.

6 **Des ambitions différentes** Décris comment Martin et Véronique imaginent leur avenir. Utilise les expressions proposées. **Answers will vary. Possible answers:**

penser   avoir l'intention de   compter   tenir à   il est possible que   vouloir

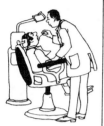  

Martin

Martin compte être dentiste.

Il a l'intention de se marier et,

s'il se marie, il aura peut-être

trois enfants.

_____

_____

_____

Véronique

Véronique tient à aller

à l'université. Elle pense faire

un diplôme de mathématiques.

Il est possible qu'elle devienne

prof de maths.

_____

_____

7 **Tes projets** Réponds aux questions suivantes par des phrases complètes. **Answers will vary.**

1. Qu'est-ce que tu vas faire après le lycée?

   _____

   _____

2. Qu'est-ce que tu penses faire dans dix ans?

   _____

   _____

3. Qu'est-ce que tu as l'intention de faire pendant les prochaines vacances scolaires?

   _____

   _____

4. Qu'est-ce que tu comptes faire comme métier?

   _____

   _____

8 Projets d'avenir

Complète les phrases suivantes en utilisant les verbes appropriés au futur. Utilise un verbe différent dans chaque cas. **Answers may vary. Possible answers:**

passer   quitter   se marier   faire   acheter   trouver   être   avoir   entrer

1. Après le bac, je(j') _____entrerai_____ à l'université.

2. Après l'école technique, Julien _____fera_____ un apprentissage.

3. Si Fatoumata réussit le bac, elle _____quittera_____ sa famille.

4. Je pense que dans quelques années, je(j') _____me marierai_____ et peut-être que je(j') _____aurai_____ des enfants.

5. A dix-huit ans, Christophe et sa sœur _____passeront_____ leur permis de conduire et ils se(s') _____achèteront_____ une voiture.

6. Si nous arrêtons nos études, nous ne _____trouverons_____ pas de travail et nous _____serons_____ au chômage.

9 Demain, les copains

Remplis le tableau ci-dessous avec les noms de trois camarades et ce qui va leur arriver dans dix ans d'après toi. Ensuite, écris à chacun de ces camarades pour lui dire comment tu vois son avenir. **Answers will vary.**

Nom			
Mariage (âge)			
Enfants (nombre)			
Métier			
Lieu de travail			
Lieu d'habitation			

1. _____

_____

_____

2. _____

_____

_____

3. _____

_____

_____

10 Des vacances sénégalaises   A ton arrivée au Sénégal, tu écris une carte postale à ton amie Eloïse pour lui dire ce que tu as l'intention de faire pendant ton séjour. **Answers will vary.**

___

11 L'an 2020   Ecris un petit article où tu imagines comment sera la vie aux Etats-Unis en 2020. Parle des conditions de travail, de la circulation automobile, de l'éducation et de l'environnement entre autres choses. **Answers will vary.**

■ REMISE EN TRAIN

12 Passe ton bac d'abord!

a. Est-ce qu'Omar dit ou écrit les choses suivantes **a) à ses parents, b) à Dana** ou **c) au directeur de l'école de musique?**

Vous serait-il possible de
m'envoyer une brochure?
c

Je joue du saxophone
depuis cinq ans.
c

Ils ne veulent pas que
je fasse de la musique.
b

Tu as raison, je vais me
renseigner un peu mieux.
b

Ce n'est pas l'argent
qui m'intéresse,
c'est la musique!
a

Je voudrais savoir quand
les cours commencent.
c

Un jour, je
serai un musicien
célèbre.
a

J'ai entendu parler
de votre école.
c

b. Dis si les remarques suivantes sont vraies **(V)** ou fausses **(F)**.

___**F**___ Le père d'Omar ne veut pas qu'il aille à l'université.

___**F**___ Omar joue de la trompette.

___**F**___ Omar écrit à Dana pour lui demander des renseignements.

___**V**___ Le métier de professeur n'est pas très bien payé.

___**V**___ Omar voudrait faire une école de musique.

___**F**___ M. Zidane est le directeur d'une école de musique.

___**V**___ Dana pense qu'il y a peut-être une solution au problème d'Omar.

___**V**___ Omar pense qu'un jour, il sera peut-être célèbre.

■ DEUXIEME ETAPE

13 Les intrus   Encercle la lettre correspondant au métier qui n'appartient pas à chaque catégorie.

1. a. journaliste
    b. écrivain
    c. plombier *(encerclé)*
    d. poète

2. a. femme d'affaires *(encerclé)*
    b. actrice
    c. dessinatrice
    d. chanteuse

3. a. médecin
    b. infirmier
    c. dentiste
    d. architecte *(encerclé)*

4. a. mécanicien
    b. plombier
    c. technicien
    d. instituteur *(encerclé)*

14 Devine!   Devine les métiers que ces jeunes choisiront d'après ce que leurs parents disent d'eux.

1. Elle a commencé à calculer quand elle avait cinq ans! Elle adore les nombres.
2. Il défend toujours son frère pour qu'il ne soit pas puni.
3. Elle aime examiner la bouche de ses copines et leur dit toujours de bien se brosser les dents.
4. Il s'intéresse beaucoup à la mode, et surtout aux costumes pour homme.
5. Quand nous avons un problème d'eau dans la salle de bains ou la cuisine, c'est lui qui s'en occupe.
6. Elle fait des châteaux de sable très sophistiqués.
7. Elle adore la chimie et a une passion pour les médicaments.
8. Il a toujours adoré écrire des histoires.

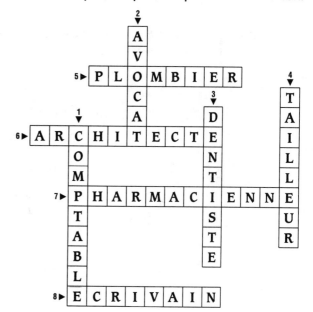

15 Le jeu des paires   Trouve une réponse à chaque phrase.

___f___ 1. Tu sais ce que tu voudrais faire plus tard?

___c___ 2. Je voudrais vraiment savoir quand les cours commencent.

___e___ 3. Tu as des projets pour les vacances?

___a___ 4. Tu as trouvé un travail?

___b___ 5. Tu veux faire une école technique?

___d___ 6. J'aimerais commencer à travailler à seize ans.

a. Non, je suis toujours au chômage.

b. Non, j'ai l'intention d'entrer à l'université.

c. Tu n'as qu'à te renseigner.

d. Tu ferais mieux de finir tes études.

e. Oui, je pense faire du camping en Suisse.

f. J'aimerais bien être architecte.

CHAPITRE 5 · Deuxième étape

16 De bons conseils   Tu as la réputation d'être raisonnable et tes ami(e)s t'écrivent souvent des mots pour te demander conseil. Réponds-leur. **Answers will vary. Possible answers:**

> *Je voudrais avoir de l'argent pour mes vacances.*

> Tu n'as qu'à travailler dans un fast-food.

> *Mon rêve, c'est de devenir mécanicien.*

> Il faudrait que tu te renseignes sur les écoles techniques.

17 Désirs et réalités   Complète les phrases suivantes en utilisant un des verbes proposés au conditionnel. Chaque verbe a un «r» à l'endroit indiqué. **Answers may vary. Possible answers:**

faire   aimer   pouvoir   vouloir   plaire   devoir   être   acheter

1. Tu… bien d'étudier si tu veux réussir ton bac.

2. Plus tard, je(j')… devenir journaliste.

3. Sabine… travailler cet été si elle veut gagner de l'argent.

4. Où est-ce que vous… aller pendant les vacances?

5. Pour obtenir des renseignements, on… écrire à une école technique.

6. Je suis sûre qu'ils… très heureux de te voir.

7. Si tu avais le choix, quelle veste tu… , toi?

8. Ce qui me… , c'est d'aller en Floride.

1. <u>F</u> <u>E</u> <u>R</u> <u>A</u> <u>I</u> <u>S</u>

2. <u>A</u> <u>I</u> <u>M</u> <u>E</u> <u>R</u> <u>A</u> <u>I</u> <u>S</u>

3. <u>D</u> <u>E</u> <u>V</u> <u>R</u> <u>A</u> <u>I</u> <u>T</u>

4. <u>V</u> <u>O</u> <u>U</u> <u>D</u> <u>R</u> <u>I</u> <u>E</u> <u>Z</u>

5. <u>P</u> <u>O</u> <u>U</u> <u>R</u> <u>R</u> <u>A</u> <u>I</u> <u>T</u>

6. <u>S</u> <u>E</u> <u>R</u> <u>A</u> <u>I</u> <u>E</u> <u>N</u> <u>T</u>

7. <u>A</u> <u>C</u> <u>H</u> <u>E</u> <u>T</u> <u>E</u> <u>R</u> <u>A</u> <u>I</u> <u>S</u>

8. <u>P</u> <u>L</u> <u>A</u> <u>I</u> <u>R</u> <u>A</u> <u>I</u> <u>T</u>

CHAPITRE 5 Deuxième étape

18 Si seulement... Dis ce que tu ferais si tu étais riche. Utilise les verbes proposés et/ou d'autres verbes. **Answers will vary. Possible answers:**

acheter vivre visiter faire aimer partir offrir avoir
aller travailler aider habiter

J'achèterais une grande maison pour mes parents.

Je vivrais à la Martinique.

Je visiterais l'Afrique.

Je m'achèterais une nouvelle télévision.

J'aimerais avoir ma photo dans tous les magazines.

J'aiderais les enfants malades.

J'aurais six voitures.

J'offrirais des cadeaux à tous mes amis.

Je partirais en vacances chaque année.

J'irais au Japon.

Je ne travaillerais pas.

J'habiterais dans une grande maison à la campagne.

19 Ton avenir Qu'est-ce que tu voudrais faire et être plus tard si tu pouvais choisir? Parle de ton avenir idéal : études, métier, famille, distractions, etc. **Answers will vary.**

_____

_____

_____

_____

_____

_____

_____

_____

_____

_____

_____

_____

20 Une entrevue A une entrevue *(interview)* pour un job, on te demande de répondre aux questions suivantes pour mieux te connaître. **Answers will vary.**

1. Quelles sont vos meilleures qualités?

_____

_____

2. Quels sont vos plus grands défauts *(weaknesses)?*

_____

_____

3. Que voudriez-vous faire plus tard?

_____

_____

4. Où aimeriez-vous habiter dans le futur?

_____

_____

5. Est-il important pour vous de gagner beaucoup d'argent? Pourquoi ou pourquoi pas?

_____

_____

21 L'OFAT Tu voudrais aider les gens pauvres et tu trouves cette annonce dans le journal. Ecris une lettre à l'OFAT pour te renseigner sur cette organisation. Explique aussi pourquoi tu penses être idéal(e) pour ce genre de travail et pourquoi tu voudrais le faire. **Answers will vary.**

L'OFAT a besoin de vous!

Si vous êtes sensible à la misère dans le monde, vous pouvez agir avec nous dès maintenant. Nous avons besoin de plombiers pour installer des pompes à eau dans des villages africains, d'instituteurs pour ouvrir des écoles et d'infirmiers pour soigner les malades. Pour plus de renseignements, écrivez à :

L'Organisation Française d'Aide au Tiers-Monde
35, rue des Oliviers
75011 PARIS

■ LISONS!

22 Les petites annonces Read these want ads and write on the line above each one the name of the professional being sought. **Answers may vary. Possible answers:**

infirmier(-ère)

LA CLINIQUE DESCHANEL
23, rue des Prés
92200 Anthony
recherche personnel hospitalier
pour postes fixes. Spécialité : soins
intensifs et service ambulatoire.
S'adresser à Mme Lavalette au
03.23.30.45.00

architecte

Etes-vous créatif? Aimeriez-vous
travailler dans la construction de
maisons et d'immeubles tout en
exprimant votre originalité? Diplôme
d'une grande école et expérience
professionnelle requis. Références.
Déposez votre C.V. à notre adresse :
COGIDEL
21, rue des Forgerons
06200 Nice

tailleur

Le prêt-à-porter a besoin de vous!
Notre maison de couture dispose de
plusieurs postes pour d'excellents
professionnels ayant au moins 5 ans
d'expérience technique dans la
manufacture de costumes pour
homme. Pour plus de renseignements,
tél. 02.35.33.44.22

chauffeur

Société de transport Boulogne
recherche personne ayant un permis
de conduire tous véhicules depuis
trois ans au moins, connaissances
mécaniques appréciées. Distribution
alimentaire dans toute l'Europe.
Remplacement ou temps complet.
02.48.00.32.30

mécanicien(ne)

Notre garage a besoin d'une
personne sérieuse et autonome
pour effectuer tous travaux
sur voitures françaises et
étrangères. Brevet technique
et expérience exigés.
Tél. pour rendez-vous au :
04.42.44.23.30

instituteur(-trice)

Si vous aimez vous occuper
d'enfants de 5 à 8 ans, si vous avez
travaillé dans une école pendant
3 ans au moins et si vous voulez
participer à l'expérimentation de
méthodes éducatives révolution-
naires, nous avons besoin de vous!
Tél. pour rendez-vous au
05.62.64.36.30

serveur(-euse)

CHAINE GASTRONOMIQUE
recherche personnel expérimenté,
bonne présentation, pour travailler
dans notre restaurant de Dijon. Doit
être aimable, avoir un bon rapport avec
la clientèle et posséder au moins un
an d'expérience en restauration.
Envoyer photo et C.V. à :
CHARLES DESANGE
6, Av. de la Paix
75016 Paris

■ PANORAMA CULTUREL

23 Le Sénégal

a. Are these statements **a) true** or **b) false?**

___a___ Few Senegalese attend high school.

___b___ Most people from Senegal work in the city.

___a___ Agriculture is of major importance in Senegal's economy.

___b___ It's unusual for young Senegalese to learn a trade at home.

___a___ Unemployment in Senegal is very high.

___a___ Dakar is a major business and trade center in West Africa.

___a___ There is only one university in Senegal.

___b___ In Senegal, most people live in big cities.

b. Can you name three things related to work and/or school that are different in Senegal than in the United States? **Answers may vary. Possible answers:**

1. __In Senegal, you don't have to go to school to learn a trade. In the United__ __States, most people do.__

2. __In Senegal, most people work in agriculture. This is not the case in the__ __United States.__

3. __Senegalese are often expected to work with their parents at a young age. In__ __the United States, they go to school instead.__

c. Answer the following questions in English. **Answers may vary. Possible answers:**

1. What do the words **Wolof, Serer, Diola,** and **Toucouleur** refer to?
   __They are ethnic groups in Senegal.__

2. What is a sport that people in Senegal have been participating in for several centuries?
   __"la lutte sans frappe," a type of wrestling__

3. What is at least one other example of the way Senegal is strongly attached to its traditions?
   __Villages still have elders who decide community matters. Most__ __Senegalese still live in rural areas.__

CHAPITRE **6**

Ma famille, mes copains et moi

■ MISE EN TRAIN

1 Naissance d'une amitié   Complète le journal de Raphaël à l'aide des mots suggérés.

conteurs   d'accord

médina   bes-slama   poteries

menthe

lycée

palais

sud

tient

marocaine

compte   promener   thé

Le 20 juillet

La première chose qu'on a faite en arrivant à Fès a été de visiter la
__médina__, le vieux quartier du centre-ville. Ma mère
voulait voir les magasins de __poteries__ et de tapis, alors
j'ai demandé si je pouvais me __promener__ seul. J'ai rencontré
un jeune Marocain, Moktar, qui __tient__ le magasin de
tapis de ses parents quand ils ne sont pas là. Ils étaient partis acheter
des tapis dans le __sud__. Moktar m'a offert du
__thé__ avec de la __menthe__ dedans.
C'était délicieux! Moktar est très sympa. Il a arrêté le
__lycée__ à seize ans parce qu'il __compte__
continuer l'affaire de ses parents. Il m'a dit ce qu'il fallait voir à Fès :
le Dar el Makhzen qui est le __palais__ du roi du Maroc ;
la place du Vieux Méchouar où l'on peut voir des danseurs, des
__conteurs__ et des musiciens. Moktar m'a invité à aller
écouter de la musique __marocaine__. Il va m'appeler à l'hôtel
demain matin pour voir si mes parents sont __d'accord__. Il m'a
appris à dire «au revoir» en arabe : on dit « __bes-slama__ ».

■ PREMIERE ETAPE

2 **Un séjour au Maroc** Tu passes tes vacances d'été dans une famille marocaine. Tes hôtes (*hosts*) te proposent des activités diverses. Accepte ou refuse poliment. **Answers will vary. Possible answers:**

1. Ça t'intéresse d'aller te promener dans la médina?
   J'aimerais bien, mais je n'ai pas le temps aujourd'hui.

2. Tu ne voudrais pas aller à la plage d'Oualidia?
   Si, j'aimerais bien.

3. Ça te plairait d'aller à Rabat demain?
   C'est gentil, mais j'ai un rendez-vous demain.

4. Ça t'intéresse de manger un couscous sur la place Jemaa el Fna?
   Oui, ce serait sympa.

5. Ça te plairait de faire une randonnée dans la montagne?
   Oui, ça me plairait beaucoup.

3 **Le jeu des paires** Trouve les réponses aux questions suivantes. **Answers may vary. Possible answers:**

__c__ 1. Ça t'intéresse d'aller à un concert?	**a.** J'aimerais bien, mais je n'ai pas le temps.
__a__ 2. On se revoit ce week-end?	**b.** Si, j'aimerais bien.
__e__ 3. Quand est-ce qu'on se revoit?	**c.** Oui, ce serait sympa.
__b__ 4. Tu ne voudrais pas sortir ce soir?	**d.** Disons ici dans une heure; c'est facile.
__f__ 5. Où est-ce qu'on se retrouve?	**e.** Demain, si tu veux.
__d__ 6. Comment est-ce qu'on fait pour se retrouver?	**f.** Devant le lycée.

4 **Un rendez-vous** Abdel et Saïd habitent dans deux villes différentes. Ils ne se sont pas vus depuis longtemps et ils se téléphonent pour se donner rendez-vous. D'après les réponses de Saïd, devine ce que lui demande Abdel. **Answers will vary. Possible answers:**

Quand est-ce qu'on se revoit? — Ce week-end, si tu veux.

Où est-ce qu'on se retrouve? — A Marrakech, si tu veux. Il y a plein de choses à faire là-bas.

Comment est-ce qu'on fait? — Toi, tu prends le bus pour Marrakech et moi, je prends la voiture de mon père.

A quelle heure est-ce qu'on se donne rendez-vous? — Samedi, vers midi.

5 Un rêve   Tu as un(e) nouveau/nouvelle petit(e) ami(e). Décris les rapports que tu espères avoir avec lui/elle. Utilise **on** et les verbes suggérés au futur. **Answers will vary. Possible answers:**

se téléphoner	se voir	ne pas se disputer	se faire des cadeaux
	se comprendre	se dire la vérité	

Exemple : J'espère qu'on se téléphonera tous les jours.

1.   J'espère qu'on se dira toujours la vérité.

2.   J'espère qu'on se verra tous les jours.

3.   J'espère qu'on ne se disputera pas.

4.   J'espère qu'on se fera des cadeaux.

5.   J'espère qu'on se comprendra.

6 Une histoire d'amour   Lis la lettre que Rachid t'a envoyée. Ensuite, téléphone à Habiba pour lui raconter tous les détails de la lettre de Rachid. Utilise le passé composé quand c'est nécessaire. **Answers may vary. Possible answers:**

> Tu ne devineras jamais
> ce qui m'est arrivé!
> Mardi dernier, en
> revenant du lycée,
> je vois une fille super
> chouette assise sur un
> banc. On se regarde, on
> se sourit. Je m'arrête
> pour lui dire bonjour.

> 2
> On se parle pendant deux
> ou trois minutes et déjà,
> on échange nos numéros
> de téléphone! Mercredi,
> on se téléphone, on se
> donne rendez-vous et
> on se retrouve au café.
> Depuis ce jour-là, on
> ne se quitte plus.

> 3
> On se voit tous les jours
> après le lycée. Je crois
> que je suis amoureux!
> Raconte à Habiba, elle
> va se marrer.
>   A bientôt.
>   Rachid

— Salut, Habiba! Tu ne devineras jamais ce qui est arrivé à Rachid. Mardi dernier,…

en revenant du lycée, il a vu une fille super chouette assise sur un

banc. Ils se sont regardés, ils se sont souri. Il s'est arrêté pour lui

dire bonjour. Ils se sont parlé pendant deux ou trois minutes et

ils ont échangé leurs numéros de téléphone! Mercredi, ils se sont

téléphoné, (ils) se sont donné rendez-vous et (ils) se sont retrouvés

au café. Depuis ce jour-là, ils ne se sont plus quittés. Ils se sont vus

tous les jours après le lycée. Rachid croit qu'il est amoureux!

7 **Quand on se reverra...** Ton/ta meilleur(e) ami(e) a déménagé *(moved)* récemment. Il/Elle va revenir te voir pendant les vacances. Ecris-lui une petite lettre pour mettre au point les détails de votre rencontre : où et quand vous allez vous retrouver, ce que vous pourrez faire, etc. **Answers will vary.**

8 **Pas de problème!** You're in a really good mood today, so although some things have gone wrong, you accept all your friends's apologies. How would you respond to each of your friends? **Answers will vary. Possible answers:**

Je m'excuse d'être arrivée si tard à notre rendez-vous.	Il n'y a pas de mal.
Je suis vraiment désolée d'avoir oublié ton anniversaire.	Ça ne fait rien.
Je suis vraiment désolé d'avoir perdu ton CD.	Ça arrive à tout le monde.
Je m'en veux de m'être disputé avec toi.	Ce n'est pas grave.
Pardonne-moi d'être allé au concert sans toi.	Ne t'inquiète pas.

9 Mille excuses   Aurélien a beaucoup d'excuses à faire ces temps-ci. Devine ce qu'il dit à son père, sa mère, son prof (Mme Martin) et à sa copine (Juliette) dans chacun des cas suivants. Utilise une expression différente dans chaque cas. Aide-toi des verbes suggérés. **Answers will vary. Possible answers:**

 renverser du café   perdre   casser la vitre    être en retard

Je m'excuse d'avoir renversé du café sur ton tee-shirt, Papa!

Pardonne-moi d'avoir cassé la vitre, Maman!

Madame, je suis vraiment désolé d'être en retard.

Je m'en veux d'avoir perdu ton livre de français, Juliette.

■ REMISE EN TRAIN

10 Ahlên, merhabîn   Dans la scène d' **Ahlên, merhabîn**, laquelle des deux familles...

	La famille Moussa	La famille Simenot
souhaite la bienvenue?	✔	
doit retirer ses chaussures?		✔
offre du thé à ses invités?	✔	
a une cousine qui se marie le lendemain?	✔	
a un fils qui se marie en août?		✔
a huit enfants?	✔	
parle arabe?	✔	

11 Que disent-ils?   Choisis la conversation qui correspond à chaque scène.

①. — Fais gaffe! Tu vas renverser le thé!

  — Oh, ça va, hein! C'est pas moi qui ai renversé la cafetière hier!

2. — Qu'est-ce que je vous sers? Nous avons du jus de fruit ou du thé.

  — Je prendrais bien du thé.

3. — Ça me fait plaisir de te voir.

  — Moi aussi. Ça fait si longtemps.

1. — Mmm... C'est bon, ça! Qu'est-ce que c'est?

  — Du thé à la menthe.

②. — Mmm... C'est bon, ça! Qu'est-ce que c'est?

  — C'est de la pastilla. C'est fait avec du pigeon.

3. — Qu'est-ce que c'est, ça?

  — Une coiffe très élaborée.

■ DEUXIEME ETAPE

12 **Chez les Ben Assouan** Les Ben Assouan reçoivent leurs amis les Jeancolas. Imagine les conversations qu'ils ont dans chaque situation en t'aidant de certaines des expressions proposées. **Answers may vary. Possible answers:**

1.

2.

3.

4.

Vous auriez du jus de fruit?

Donnez-moi votre manteau.

Vous êtes bien aimable.

Ça arrive à tout le monde!

Mettez-vous à l'aise.

C'est gentil.

Qu'est-ce que je peux vous offrir?

Je m'excuse d'être en retard.

C'est gentil, mais je ne peux pas.

Ça me fait plaisir de vous voir.

Merci.

Moi aussi.

1. — Ça me fait plaisir de vous voir.

   — Moi aussi.

2. — Donnez-moi votre manteau.

   — Vous êtes bien aimable.

3. — Mettez-vous à l'aise.

   — C'est gentil.

4. — Qu'est-ce que je peux vous offrir?

   — Vous auriez du jus de fruit?

CHAPITRE 6 Deuxième étape

13 Mots croisés

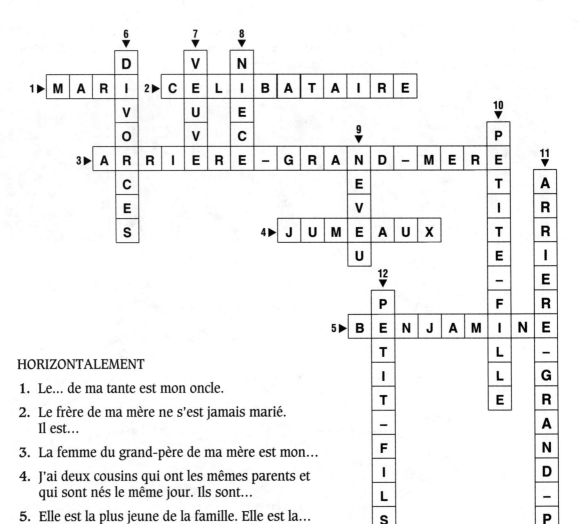

HORIZONTALEMENT

1. Le... de ma tante est mon oncle.

2. Le frère de ma mère ne s'est jamais marié. Il est...

3. La femme du grand-père de ma mère est mon...

4. J'ai deux cousins qui ont les mêmes parents et qui sont nés le même jour. Ils sont...

5. Elle est la plus jeune de la famille. Elle est la...

VERTICALEMENT

6. Mon oncle et ma tante ne sont plus mariés ensemble. Ils sont...

7. Mon grand-père est mort. Maintenant, ma grand-mère est...

8. La fille du frère de mon père est la... de mon père.

9. Le fils de ma sœur aînée est mon...

10. La fille de ma tante est la... de ma grand-mère.

11. Le grand-père de mon père est mon...

12. Paul est le... de son grand-père.

14 La famille de Dorothée   Ta nouvelle correspondante française t'a envoyé cette lettre où elle te décrit sa famille.

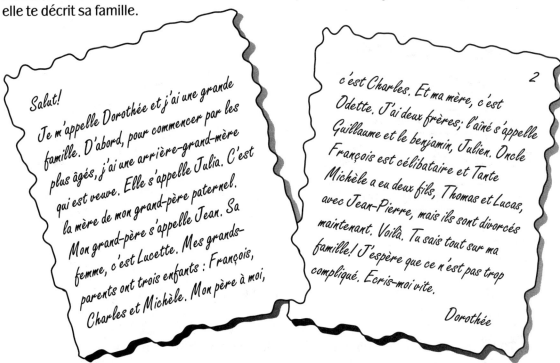

Salut!

Je m'appelle Dorothée et j'ai une grande famille. D'abord, pour commencer par les plus âgés, j'ai une arrière-grand-mère qui est veuve. Elle s'appelle Julia. C'est la mère de mon grand-père paternel. Mon grand-père s'appelle Jean. Sa femme, c'est Lucette. Mes grands-parents ont trois enfants : François, Charles et Michèle. Mon père à moi,

c'est Charles. Et ma mère, c'est Odette. J'ai deux frères; l'aîné s'appelle Guillaume et le benjamin, Julien. Oncle François est célibataire et Tante Michèle a eu deux fils, Thomas et Lucas, avec Jean-Pierre, mais ils sont divorcés maintenant. Voilà. Tu sais tout sur ma famille! J'espère que ce n'est pas trop compliqué. Écris-moi vite.

Dorothée

a. Pour t'en faire une meilleure idée, complète l'arbre généalogique de la famille de Dorothée.

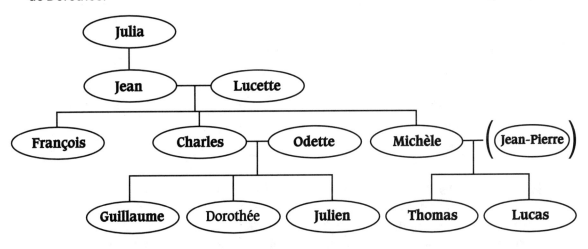

b. Réponds aux questions suivantes à propos de la famille de Dorothée.

1. Qui sont les arrière-petits-enfants de Julia?

   Guillaume, Dorothée, Julien, Thomas et Lucas

2. Comment s'appellent les neveux de Michèle?

   Guillaume et Julien

3. Qui est plus âgé, Guillaume ou Julien?

   Guillaume

4. Qui est Lucas par rapport à Lucette?

   son petit-fils

CHAPITRE 6 Deuxième étape

15 Le savoir-vivre Raie *(cross out)* les expressions que tu n'utiliserais pas si tu étais invité(e) à déjeuner par les parents d'un copain ou d'une copine.

De rien!

~~Rapporteur!~~

Vous auriez de la limonade?

Je vous remercie.

~~Tu m'énerves!~~

C'est gentil.

~~C'est toujours la même chose.~~

Je prendrais bien un coca.

Merci bien!

Je vous en prie.

~~Arrête!~~

~~C'est elle qui a commencé.~~

~~Tu me prends la tête!~~

~~Mêle-toi de tes oignons!~~

Pas de quoi!

16 On perd patience Que dirais-tu dans les situations suivantes? **Answers may vary. Possible answers:**

1. Ton frère dit à ta mère que tu as eu un F à ton interro de géo. Qu'est-ce que tu dis à ton frère?

   Rapporteur!

2. Tu te disputes avec ta petite sœur et ta mère te dit d'arrêter. Qu'est-ce que tu dis à ta mère?

   C'est toujours moi qui prends!

3. Tu es au téléphone et ta petite sœur t'embête. Qu'est-ce que tu lui dis?

   Fiche-moi la paix!

4. Une camarade de classe regarde tes réponses pendant une interro. Qu'est-ce que tu lui dis?

   Tricheuse!

5. Ton petit frère pleure *(cries)* chaque fois qu'il se fait mal, même si ce n'est rien de sérieux. Qu'est-ce que tu lui dis?

   Pleurnicheur!

17 Les heures de notre vie Tu es scénariste-dialoguiste de «soaps» télévisés. On te demande d'écrire une scène entre un frère (Simon), une sœur (Aurélie) et leurs parents. Les deux jeunes se disputent parce que Simon joue de la guitare électrique très fort. Leurs parents interviennent, les enfants protestent... Crée le dialogue. **Answers will vary.**

_____

_____

_____

_____

_____

_____

_____

_____

_____

CHAPITRE 6 Deuxième étape

■ LISONS!

18 Une amitié marocaine Tahar Ben Jelloun, a Moroccan poet and novelist, was the first Arab to win the **Prix Goncourt**, a prestigious French literary prize, in 1987. Here, he writes about his adolescence and one of his best friends, Lotfi.

Avec Lotfi, rien ne me prédisposait à devenir ami. Nous n'étions pas dans le même lycée ; nous n'habitions pas le même quartier et nos familles ne se connaissaient pas. Lui appartenait à une famille de Tanger. Moi je venais de Fès, et mon père ne nourrissait pas beaucoup de sympathie pour les gens de Tanger. Il les trouvait paresseux et peu sociables.

Lotfi aimait le jazz et moi le cinéma. Lui proclamait partout sa passion pour les libres penseurs, comme Voltaire ou Anatole France, tandis que je demandais pardon à Dieu de frayer avec cet individu. Lui aimait monter des gags et des canulars ; moi, je trouvais cela de mauvais goût. Lui disait tout haut ce qu'il pensait ; moi, j'enrobais mes idées dans de jolies phrases. Il était souvent désargenté ; je l'étais un peu moins que lui. Il ne prenait pas au sérieux le cinéma américain ; moi, je faisais des dissertations sur Orson Welles et j'animais le ciné-club de Tanger, au cinéma Roxy. Lui était marxiste (une tradition de frère en frère) et moi je me réfugiais dans le romantisme. Il avait — et il a toujours — de l'humour. Je n'en avais aucun. Il était audacieux ; j'étais précautionneux. Il faisait rire les filles ; je les ennuyais avec mes petits poèmes ridicules.

From *La Soudure Fraternelle* by Tahar Ben Jelloun. Copyright © by **Editions Arléa.** Reprinted by permission of the publisher.

libre penseur : *freethinker*

frayer : *associate with*

canular : *practical joke*

tout haut : *out loud*

a. Look at the following words. Can you recognize a word you already know in each one? Based on the words you recognize and the context, tell what these words mean. **Answers may vary. Possible answers:**

désargenté : __poor__ je me réfugiais : __I took refuge__ précautionneux : __cautious__

b. Write descriptions of Tahar and Lotfi in English, giving as many details as possible. **Answers will vary. Possible answers:**

1. Tahar: __His family is from Fès. As a young man, he liked the movies and was very religious. He didn't like to play practical jokes on people. He didn't express his opinion directly. He loved American movies. He was romantic and had no sense of humor. He was not very bold and bored girls by reading them the poems he wrote.__

2. Lotfi: __His family is from Tanger. When he was young, he liked jazz and free-thinking French writers. He loved playing practical jokes and wasn't afraid of speaking out. He didn't take American movies seriously. He was a Marxist, had a good sense of humor, and was bold. He knew how to make girls laugh.__

c. With which of the two young men do you identify more? Why? **Answers will vary.**

_____

_____

■ PANORAMA CULTUREL

19 En vacances au Maroc

a. You're spending your vacation in Morocco. Answer the following questions in English. **Answers may vary. Possible answers:**

1. At the market, you spot a small carpet you really like. What is expected of you as a customer?

   I should ask for the price and then offer about half of what I'm told the carpet

   is worth.

2. The Moroccan family you're visiting offers you mint tea, but you're not very thirsty. What do you do? Why?

   I accept the tea anyway because it's considered impolite to refuse tea in

   Morocco.

3. Your Moroccan hosts suggest you meet at the **souk des tapis.** What will you do there?

   look at rugs

4. You're invited to share a meal with a Moroccan family. They seem to have barely enough money to survive. Should you accept or refuse? Why?

   I should accept. In Morocco it's considered an honor to invite guests for a

   special meal.

b. While touring Morocco, you write a postcard to a good friend in the United States. Tell your friend what you've seen and learned about Morocco during your trip. **Answers will vary.**

CHAPITRE 6 Panorama culturel

Nom _____ Classe _____ Date _____

Un safari-photo

■ MISE EN TRAIN

1 Un safari, ça se prépare! Trouve la conversation qui correspond à chaque image.

_____ 2 _____

1. — Tu crois que j'emporte mes cassettes?

   — Non. Tu n'auras pas le temps d'écouter de la musique. Mais n'oublie pas ton appareil-photo.

   — Et je prends un pull?

   — Oui, il peut faire froid la nuit.

   — Et la crème solaire, je la prends?

   — Bien sûr. Il va faire très chaud.

_____ 3 _____

2. — Oui, bonjour. Voilà. Je pars faire un safari-photo en République centrafricaine. Est-ce qu'il est nécessaire de se faire vacciner?

   — Oui, monsieur, contre la fièvre jaune. Et pour vous protéger contre le paludisme, je vous conseille de consulter un médecin.

_____ 1 _____

3. — Ça serait chouette d'aller en Afrique, non?

   — Oui, ça serait super d'aller faire un safari-photo là-bas. Regarde! Il y a plein d'animaux qu'on n'a pas ici.

   — Tiens! On devrait demander à Papa si on peut y aller pour les grandes vacances.

■ PREMIÈRE ÉTAPE

2 Mots croisés Les huit mots horizontaux que tu dois trouver vont te donner le nom (vertical) d'un bel insecte souvent très coloré. Encercle-le.

1 ▶	S	E	R	P	E	N	T		
2 ▶			A	R	A	I	G	N	E	E
3 ▶			A	P	A	N	S	E	M	E	N	T

1 ▶ S E R P E N T

2 ▶ A R A I G N E E

3 ▶ P A N S E M E N T

4 ▶ O I S E A U

5 ▶ J U M E L L E S

6 ▶ P E L L I C U L E

7 ▶ F O U R M I

8 ▶ S A V A N E

1. C'est un animal long et mince, et souvent dangereux.
2. Elle a huit pattes et fait peur a beaucoup de gens.
3. C'est très utile quand on se coupe le doigt.
4. Sa chanson est souvent très belle et il aime aller très haut.
5. Elles aident à voir des objets de très loin.
6. Tu en as besoin dans ton appareil-photo.
7. Elle est très industrieuse et toute petite.
8. C'est un endroit aride où l'on peut voir beaucoup d'animaux sauvages.

3 Un pays imaginaire Lis cet article sur le Mécondo, un pays africain imaginaire.

SI VOUS ALLEZ AU MECONDO...
de notre correspondante Juliette Doisnel

Au Mécondo, les conditions de vie ne sont pas faciles pour tout le monde. Et vous n'y trouverez pas de boutiques de mode à tous les coins de rue. Inutile d'emporter des cartes de crédit! Dans beaucoup de villages, il n'y a ni eau ni électricité et il est difficile de trouver docteurs et infirmeries. Le soleil est intense 12 mois sur 12. La population rurale est très amicale et travaille dur pour survivre. Si vous vous arrêtez dans un village, attendez-vous à ce qu'on vous invite à partager le repas familial. Dans les forêts, il fait chaud et humide et l'on peut voir toutes sortes d'insectes uniques à cette région du monde. Certaines espèces sont venimeuses, d'autres sont inoffensives. N'oubliez surtout pas votre lotion anti-moustique! Dans le nord du pays, la superbe savane offre une infinité d'espèces animales. Comme il y fait très chaud toute l'année, ne vous attendez pas à voir des animaux nordiques. Par contre, la faune africaine est pratiquement au complet ici. Cinéastes amateurs, à vos caméscopes!

Maintenant que tu as lu l'article sur le Mécondo, fais des suppositions sur ce pays. **Answers will vary. Possible answers:**

Je parie que...   Il doit y avoir...   Ça m'étonnerait que...   Je sais que...
Je ne pense pas que...   Je ne suis pas sûr(e) que...   Je suis certain(e) que...   Ça doit être...

1. ____Je parie qu'il y a____ beaucoup d'animaux dangereux.

2. ____Je ne pense pas qu'____ on puisse regarder la télé là-bas.

3. ____Ça doit être____ formidable de voir tous ces animaux sauvages.

4. ____Je sais que____ je ne pourrais pas utiliser des chèques de voyage.

5. ____Je ne suis pas sûr(e) qu'____ on puisse utiliser des cartes de crédit.

6. ____Ça m'étonnerait qu'____ il y ait des loups au Mécondo.

7. ____Je suis certain(e) que____ les gens sont très gentils là-bas.

8. ____Il doit y avoir____ beaucoup de lions au Mécondo.

4 Devinettes   Lis ces devinettes et trouve le mot que chaque phrase décrit.

une cassette   de la lotion anti-moustique   un imperméable   une carte de crédit
des jumelles
du désinfectant   une trousse de premiers soins   de la crème solaire   une pellicule

1. On en met pour se protéger contre les insectes.

   de la lotion anti-moustique

2. C'est plus pratique que de l'argent et on peut l'utiliser dans tous les pays.

   une carte de crédit

3. Si on se coupe le doigt, il faut en mettre dessus.

   du désinfectant

4. S'il commence à pleuvoir, on est content de l'avoir emporté.

   un imperméable

5. Avec ça, on peut rester au soleil et se faire bronzer sans danger.

   de la crème solaire

6. On la met dans son appareil-photo.

   une pellicule

5 Qu'est-ce que j'emporte? Laetitia part au Mécondo pour les vacances. Elle demande des conseils sur ce qu'elle doit emporter à un ami qui a habité au Mécondo. Complète leur conversation de façon logique. Utilise une expression différente dans chaque réponse. **Answers will vary. Possible answers:**

— A ton avis, je prends de la crème solaire?

— Oui, _____ **il est nécessaire** _____ que tu en prennes. Le soleil est intense, là-bas.

— Et _____ **tu crois que je devrais** _____ emporter de la lotion anti-moustique?

— _____ **Je crois que ça vaut mieux** _____ . Il y a des tas de moustiques, tu sais.

— Et ma carte de crédit, je la prends?

— Non, _____ **ce n'est pas la peine** _____ . Il y a très peu de choses à acheter.

Mais par contre, _____ **il est essentiel que** _____ tu prennes ton passeport, sinon pas de voyage!

— Oui, bien sûr! Et _____ **tu penses qu'il vaudrait mieux** _____ que j'emporte des cassettes pour mon caméscope?

— _____ **A mon avis, c'est plus sûr** _____ . Ça m'étonnerait que tu en trouves, là-bas.

— Bon, très bien. Merci pour tes conseils.

6 Préparations de départ Décide de ce que tout le monde doit emporter en vacances selon le cas. **Answers may vary. Possible answers:**

Il faut que

Il est nécessaire que

Il est essentiel que

Il est important que

Il faudrait que

Exemple : Alain va dans un endroit où il y a beaucoup de moustiques.
Il faut qu'il emporte de la lotion anti-moustique.

1. Jean-Claude et Lydia veulent observer les oiseaux en Amazonie.

Il est nécessaire qu'ils emportent des jumelles.

2. Mon frère et moi, nous comptons nous promener dans la nature la nuit.

Il faudrait que vous emportiez une torche.

3. Abdoul espère voir des animaux rares et veut les montrer à ses amis à son retour de vacances.

Il faut qu'il emporte son appareil-photo ou son caméscope.

4. Françoise et Adrienne veulent faire de longues randonnées dans le désert.

Il est essentiel qu'elles emportent des gourdes.

5. Moi, je vais dans la montagne, dans un endroit très isolé où il n'y a pas de docteur.

Il est important que tu emportes une trousse de premiers soins.

7 Lettre centrafricaine   Complète la lettre que Marius, le correspondant centrafricain de Joseph, lui a envoyée récemment. Utilise les verbes proposés.

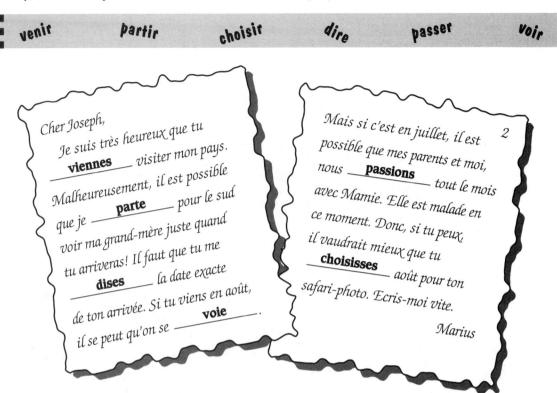

> **venir**   **partir**   **choisir**   **dire**   **passer**   **voir**

> Cher Joseph,
> Je suis très heureux que tu **viennes** visiter mon pays.
> Malheureusement, il est possible que je **parte** pour le sud voir ma grand-mère juste quand tu arriveras! Il faut que tu me **dises** la date exacte de ton arrivée. Si tu viens en août, il se peut qu'on se **voie** .

> 2
> Mais si c'est en juillet, il est possible que mes parents et moi, nous **passions** tout le mois avec Mamie. Elle est malade en ce moment. Donc, si tu peux il vaudrait mieux que tu **choisisses** août pour ton safari-photo. Ecris-moi vite.
> Marius

8 De bons conseils   Tu reviens d'un safari en Afrique. Ecris à un(e) ami(e) qui va y aller pour lui dire ce qu'il faut qu'il/elle fasse avant de partir et pendant son voyage. **Answers will vary.**

■ REMISE EN TRAIN

9 Le safari, c'est l'aventure! Lis ces trois résumés et encercle la lettre de celui qui raconte l'histoire des Zokoue dans **Le safari, c'est l'aventure!**

a. Les Zokoue sont arrivés en République centrafricaine. Ils partent à l'aventure pour tuer des animaux sauvages et prendre leur fourrure. Ils voient des lions, des singes et des éléphants, mais pas de rhinocéros. Lucie demande au guide d'arrêter la voiture pour prendre une photo des éléphants. Le guide doit repartir très vite parce qu'un des éléphants charge.

b. Les Zokoue sont maintenant en République centrafricaine. Un guide les accompagne dans le parc national Bamingui-Bangoran. Il leur dit que les braconniers tuent les animaux pour prendre leur ivoire, leur fourrure et leurs cornes. Lucie est choquée. Les Zokoue aperçoivent une gazelle, des singes, des lions, des éléphants et des rhinocéros. Un des rhinocéros charge pendant que Lucie prend une photo.

c. Après un bon petit déjeuner, les Zokoue partent visiter la forêt tropicale de Bamingui-Bangoran. Lucie est un peu malade pendant le voyage mais elle est quand même contente de voir des animaux. Elle prend des photos. Joseph voit un lion manger une gazelle. Le guide arrête la voiture pour montrer aux Zokoue une famille de singes, mais un rhinocéros charge et le groupe doit repartir très vite. Ils décident d'aller voir un film parce que c'est moins dangereux que les safaris!

◼ DEUXIEME ETAPE

10 Les animaux d'Afrique   Il y a neuf animaux sauvages sur cette image. Identifies-en au moins huit. **Answers may vary. Possible answers:**

1. ___un éléphant___

2. ___un guépard___

3. ___un singe___

4. ___un lion___

5. ___une girafe___

6. ___un rhinocéros___

7. ___un zèbre___

8. ___un crocodile___

9. ___un hippopotame___

Practice and Activity Book, Teacher's Edition **79**

11 Tes mots croisés Tu écris des mots croisés pour un journal français. On t'a préparé la grille *(grid)* et maintenant, c'est à toi d'écrire les définitions en français. Tes descriptions doivent être aussi détaillées que possible. **Answers will vary. Possible answers:**

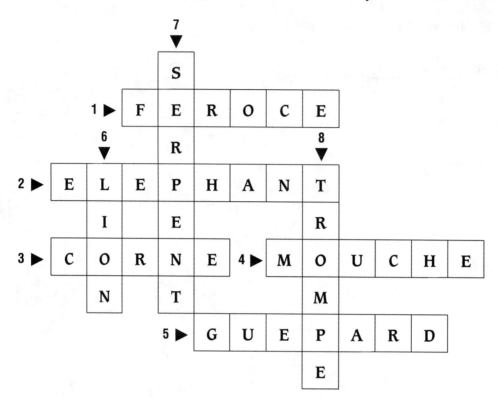

1. ____ Un animal qui est très méchant est...
   _____

2. ____ C'est un très gros animal qui a de grandes oreilles. Il vit en Afrique et en Inde.
   _____

3. ____ Les rhinocéros en ont une grosse sur le nez.
   _____

4. ____ Elle aime le sucre et c'est difficile de l'attraper. Il y en a beaucoup quand il fait
   chaud.

5. ____ C'est un animal qui court très vite et qui est comme un grand chat.
   _____

6. ____ Les gens l'appellent «le roi des animaux». Il est fort et il aime manger des
   gazelles et des zèbres.

7. ____ Il est long et mince, il n'a ni jambes ni bras et il aime dormir sous les rochers.
   Beaucoup de gens ont peur de lui.

8. ____ Un éléphant en a une à la place du nez. Elle l'aide à boire et à manger, et à attraper
   des objets.

12 Ça alors! Tu fais un safari-photo en Afrique avec un(e) ami(e) et tu vois les animaux suivants. Exprime ton étonnement. **Answers will vary. Possible answers:**

Exemple : un éléphant de sept tonnes

Ouah! Quel éléphant énorme!

1. un guépard qui court à 90 km/h

   <u>Oh, dis donc! Tu as vu comme il va vite, ce guépard?</u>

2. un zèbre magnifique

   <u>Ça alors! Qu'est-ce qu'il est beau, ce zèbre!</u>

3. une famille de singes

   <u>Tiens! Regarde un peu! Ils sont mignons, ces singes!</u>

13 Que disent-ils? Ecris des dialogues pour ces bandes dessinées. **Answers will vary. Possible answers:**

14 Ce qu'il faut savoir Complète cette conversation entre les Zokoue et leur guide à l'aide des verbes proposés. **Answers may vary. Possible answers:**

être	pouvoir	faire	avoir	aller	prendre	rester

LE GUIDE Pendant votre visite du parc, il faudra que vous __soyez__ prudents. Il se peut qu'un animal __fasse__ quelque chose d'imprévisible. Attention où vous mettez les pieds. Il est possible qu'il y __ait__ des serpents là où nous irons.

M. ZOKOUE Vous entendez, les enfants? Il vaut mieux que vous __restiez__ dans la voiture. Sinon, j'ai peur que vous __alliez__ dans des endroits dangereux sans vous en rendre compte.

LE GUIDE Oui, c'est une bonne idée. Je ne crois pas qu'on __puisse__ sortir de la voiture très souvent aujourd'hui. Les animaux ont l'air nerveux.

LUCIE Ça veut dire qu'il faut que je __prenne__ mes photos de l'intérieur de la voiture?

LE GUIDE Oui, mademoiselle. Ou, en tout cas, il faut que vous __fassiez__ attention si vous décidez de sortir.

15 Un(e) guide Tu es guide dans une réserve d'animaux et tu dois t'occuper d'un groupe de touristes français. Prépare tes instructions. **Answers will vary.**

_____
_____
_____
_____
_____
_____
_____
_____
_____
_____
_____
_____

■ LISONS!

16 Une aventure africaine Before going on a safari, you want to make sure that you have a clear idea of what your schedule will be. Look at your itinerary and fill in the following schedule in English. **Answers may vary. Possible answers:**

Savanes et Grands Fauves

9 jours
FRANCE/FRANCE
Départ samedi – Retour dimanche.

Itinéraire

1er jour – samedi : FRANCE/NAIROBI
Départ sur vol régulier. Arrivée dans la soirée et transfert au Safari Park Hotel. Nuit.

2e jour – dimanche : MASAI MARA
Départ pour le Masai Mara. Installation et déjeuner au Mara Paradise Lodge.
Après-midi de safari pour un premier contact avec la faune africaine. Dîner et nuit au Lodge.

3e jour – lundi : MASAI MARA
Journée de safari dans la réserve la plus riche en animaux du Kenya.
La quasi totalité des espèces animalières d'Afrique de l'Est y est représentée. Déjeuner, dîner et nuit au Lodge.

4e jour – mardi : LAC NAIVASHA
Départ pour le lac Naivasha. Installation et déjeuner au Lake Naivasha Country Club. Promenade en bateau à Crescent Island : nombreuses espèces d'oiseaux. Dîner et nuit au Lake Naivasha Country Club.

5e jour – mercredi : ARUSHA
Le matin, départ pour Nairobi où le déjeuner est prévu.
Continuation pour Namanga, passage des formalités et transbordement des véhicules. Continuation pour Arusha. Installation, dîner et nuit au Mountain Village ou au Novotel Mount Meru.

6e jour – jeudi : MANYARA/NGORONGORO
Départ pour le Lac Manyara. Safari et déjeuner pique-nique.
Continuation pour le Ngorongoro. Installation, dîner et nuit au Ngorongoro Wildlife Lodge.

7e jour – vendredi : NGORONGORO/MANYARA
Journée de découverte de la faune africaine. Descente en land rover dans l'immense cratère (700m de profondeur et 20 km de diamètre). Déjeuner pique-nique.
Poursuite de votre safari l'après-midi : fauves, antilopes, rhinocéros, éléphants, oiseaux, etc... Route vers Manyara.
Installation, dîner et nuit au Lake Manyara Hotel.

8e jour – samedi : NAIROBI/FRANCE
Départ pour Arusha. Déjeuner au Mountain Village. Continuation pour Namanga et route à destination de Nairobi.
Dîner au restaurant Carnivore, transfert à l'aéroport et envol pour la France.

9e jour – dimanche : FRANCE
Arrivée dans la matinée.

From a brochure by Rev' Vacances. Reprinted by permission of **Rev' Vacances (Teker S.A.)**.

DAYS	MORNING	LUNCH	AFTERNOON	NIGHT
Saturday	**To Nairobi**			
Sunday	**Leave for Masai–Mara**	**Mara Paradise Lodge**	**Safari**	**Lodge**
Monday	**Safari**	**Lodge**	**Safari**	**Lodge**
Tuesday	**To Lake Naivasha**	**Lake Naivasha Country Club**	**Boat ride to Crescent Island**	**Lake Naivasha Country Club**
Wednesday	**To Nairobi**	**Nairobi**	**To Namanga and Arusha**	**Mountain Village or Novotel?**
Thursday	**To Lake Manyara & Safari**	**Picnic**	**Ngorongoro**	**Ngorongoro Wildlife Lodge**
Friday	**Ngorongoro crater**	**Picnic**	**Safari**	**Lake Manyara hotel**
Saturday	**To Arusha**	**Mountain Village**	**To Namanga & Nairobi**	**Carnivore restaurant & flight**
Sunday	**France**			

■ PANORAMA CULTUREL

17 La République centrafricaine

a. Circle the numbers of the countries that share a border with the Central African Republic.

1. Senegal	(5.) Chad	9. Botswana
(2.) Cameroon	6. Nigeria	(10.) Congo
(3.) Democratic Republic of Congo	7. Egypt	(11.) Sudan
4. Nicaragua	8. Bali	12. Morocco

b. Are these statements about the Central African Republic a) true or b) false?

____b____ The Central African Republic has a coastline on the Atlantic Ocean.

____a____ **Ubangi** is the name of a river and an ethnic group.

____a____ The Pygmies are people who live in the Central African Republic.

____a____ Many people speak Sango in the Central African Republic.

____b____ Tigers roam in the Central African Republic.

____b____ Sugar is the Central African Republic's major export.

____b____ Banda is the national language of the Central African Republic.

c. If you were to go to the Central African Republic on a safari, what animals would you expect to see? **Answers will vary. Possible answers:**

monkeys, chimpanzees, giant squirrels, hippopotamuses, crocodiles,

rhinoceroses, buffalo, elephants, lions, leopards, antelope

_____

_____

_____

_____

_____

_____

_____

_____

_____

CHAPITRE 8
La Tunisie, pays de contrastes

■ MISE EN TRAIN

1 Bisous de Nefta

a. Complète les phrases suivantes d'après ce que Zohra dit dans sa lettre.

> d'archéologie à l'université de Tunis. tout à la maison.
> son prince charmant.
> choisir son propre mari. vienne la voir à Nefta. très traditionnels.

1. Zohra voudrait faire des études __d'archéologie à l'université de Tunis.__

2. Elle pense que Mustafa est gentil, mais qu'il est loin d'être __son prince charmant.__

3. Elle aimerait avoir le droit de __choisir son propre mari.__

4. Elle voudrait qu'Aïcha __vienne la voir à Nefta.__

5. Les parents de Zohra sont __très traditionnels.__

6. Sa mère fait __tout à la maison.__

b. Choisis le sujet des phrases suivantes : **a)** Zohra, **b)** La mère de Zohra, **c)** Aïcha ou **d)** Mustafa.

__a__ ne veut pas se marier avec Mustafa.

__b__ fait la cuisine.

__d__ n'est pas un prince charmant.

__b__ n'a pas choisi son mari.

__c__ a des parents modernes.

__c__ habite à Tunis.

__b__ porte le bois sur sa tête.

__d__ habite à côté de chez Zohra.

__a__ ne peut pas aller à Tunis.

■ PREMIÈRE ÉTAPE

2 Les formules de politesse Comment terminerais-tu une lettre adressée aux personnes suivantes? **Answers will vary. Possible answers:**

1. à ta grand-mère : ___Bien des choses à Pépé.___

2. à ton ami(e) qui a un frère : ___Salue... de ma part.___

3. à ton/ta meilleur(e) ami(e) : ___Je t'embrasse bien fort.___

4. à tes parents : ___Grosses bises.___

5. à ta cousine : ___Embrasse tes parents pour moi.___

3 A la ferme Choisis l'image qui correspond à l'activité de chacune de ces personnes.

    a.   b.   c.   d.   e.

___e___ Fatima donne à manger aux poules.   ___d___ Ali cultive le blé.

___c___ Abdoul traie les vaches.   ___b___ Malika élève des moutons.

___a___ Rachida fait de l'artisanat.

4 Les produits agricoles Qu'est-ce qu'on fait pour obtenir les produits suivants? Pour répondre, fais des phrases avec les éléments proposés ci-dessous. **Answers may vary. Possible answers:**

le blé · les olives · les moutons · les figues · les chèvres · les vaches · les poules

On cultive
On fait la cueillette de
On élève

Exemple : du fromage : On élève les chèvres.

1. de l'huile : ___On fait la cueillette des olives.___

2. de la laine : ___On élève les moutons.___

3. des œufs : ___On élève les poules.___

4. du lait : ___On élève les vaches.___

5. de la farine : ___On cultive le blé.___

6. des fruits secs : ___On fait la cueillette des figues.___

CHAPITRE 8 Première étape

5 L'artisanat tunisien

a. Lis le texte suivant, trouve les villes mentionnées dans le texte sur la carte de Tunisie et écris le(s) numéro(s) du type d'artisanat sous le nom de la ville.

L'artisanat constitue l'un des secteurs les plus dynamiques de l'économie tunisienne. Il est également l'une des activités professionnelles les plus anciennes et les mieux réparties à travers le pays.

Les principales branches de l'activité artisanale sont :

— L'artisanat du textile (habillement traditionnel, tissage de tapis, fabrication de la chéchia (couvre-chef). Implanté essentiellement à Tunis.

— La céramique (poterie d'argile, poterie émaillée...). Localisée notamment à Jerba et à Nabeul.

— Le cuir, à Tunis, Sfax et Kébili.

— Le cuivre : émaillé, ciselé ou gravé; spécialité de Tunis et de Kairouan.

— Le bois : meubles et instruments de musique traditionnelle, fabriqués à Aïn Draham et Kélibia.

— La bijouterie : basée en plusieurs pôles spécialisés : Tunis (orfèvrerie d'or), Nabeul et Sfax (parures d'argent), Monastir, Mahdia et Sousse (bijoux en or et en argent massif), Jerba (argent massif et filigrane).

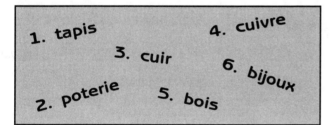

1. tapis
2. poterie
3. cuir
4. cuivre
5. bois
6. bijoux

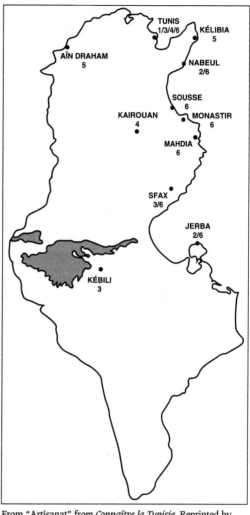

TUNIS 1/3/4/6
KÉLIBIA 5
AÏN DRAHAM 5
NABEUL 2/6
SOUSSE 6
KAIROUAN 4
MONASTIR 6
MAHDIA 6
SFAX 3/6
JERBA 2/6
KÉBILI 3

From "Artisanat" from *Connaître la Tunisie*. Reprinted by permission of ***Agence Tunisienne de Communication Extérieure***.

b. Imagine que tu vas en Tunisie et que tu voudrais rapporter des souvenirs à ta famille et tes amis. Choisis quatre villes tunisiennes et dis pourquoi tu veux y aller et ce que tu vas y acheter. **Answers will vary.**

Exemple : Ma mère aime le cuivre gravé. Je vais aller à Kairouan pour lui acheter un vase.

_____

_____

_____

_____

_____

_____

6 Des conseils d'ami(e) Que dirais-tu à ces personnes si elles te demandaient conseil?
Answers will vary. Possible answers:

1.
> J'ai cassé avec ma petite amie, mais je l'aime toujours!

3.
> J'adore faire de la voile et je ne sais pas où aller cet été.

2.
> Je ne sais pas quoi acheter à ma mère pour son anniversaire.

4.
> Mon copain m'a prêté un CD et je l'ai perdu.

1. ___Si c'était moi, je lui demanderais pardon.___
2. ___Si j'étais toi, je lui achèterais un joli foulard.___
3. ___Si j'étais toi, j'irais au bord de la mer.___
4. ___A ta place, je lui dirais la vérité.___

7 Rêve ou réalité? Choisis les verbes appropriés et mets-les aux temps qui conviennent.
Attention! Certains verbes peuvent être utilisés deux fois. **Answers may vary. Possible answers:**

> pouvoir   habiter   vouloir   choisir   recevoir   devoir
> aller   avoir   être   faire

1. Si Sylvie ___pouvait___ vivre n'importe où, elle ___habiterait___ à Paris.
2. Si nous ___avions___ le choix entre plusieurs universités, nous ___choisirions___ Harvard.
3. Ça ___serait___ chouette si je ___recevais___ un A en biologie.
4. Elles ___iraient___ en Tunisie si elles ___avaient___ de l'argent.
5. Si Zohra ne ___devait___ pas faire la cueillette des dattes, elle ___irait___ à Tunis.
6. Si seulement les parents de Zohra ___voulaient___ bien l'écouter, elle ___ferait___ des études d'architecture.

8 Si seulement... Complète les phrases suivantes avec tes souhaits. **Answers will vary.**

1. Ça serait chouette si... _____

   _____

2. Qu'est-ce que j'aimerais... _____

   _____

3. Si j'avais le choix,... _____

   _____

4. Si seulement... _____

   _____

9 Un sondage   Le magazine *Salut, les jeunes!* veut connaître le «rêve américain» des nouvelles générations. Réponds à ce sondage par des phrases complètes. **Answers will vary.**

Si tu pouvais créer ton avenir, quelle sorte de vie aurais-tu?

1. Où est-ce que tu habiterais? Avec qui?

   _____

   _____

2. Qu'est-ce que tu ferais comme travail?

   _____

   _____

3. Où passerais-tu tes vacances?

   _____

   _____

4. Qu'est-ce que tu ferais pour t'amuser?

   _____

   _____

10 Des projets de vacances   Ecris une lettre à ta correspondante tunisienne Latifa pour lui dire ce que vous pourriez faire si elle venait te voir cet été. N'oublie pas de transmettre tes amitiés à sa famille et de lui dire au revoir. **Answers will vary.**

■ REMISE EN TRAIN

11 La ville ou la campagne? Te souviens-tu de la lettre de Zohra et de celle d'Aïcha?
D'après ce qu'elles disent, lesquels de ces mots associes-tu **a) à Tunis** et lesquels **b) à Nefta**?
Answers may vary. Possible answers:

__b__ couchers du soleil

__a__ vélomoteurs

__a__ cinémas

__a__ pollution

__a__ stressant

__b__ cueillette

__a__ bruyant

__b__ poules

__b__ blé

__b__ dattes

__b__ moutons

__a__ université

12 Vrai ou faux?

1. ___**faux**___ Nefta est une ville très bruyante.

2. ___**faux**___ Chakib est le voisin de Zohra.

3. ___**vrai**___ Aïcha s'entend bien avec ses parents.

4. ___**vrai**___ Aïcha invite Zohra à venir à Tunis.

5. ___**faux**___ Aïcha déteste Tunis.

6. ___**faux**___ Zohra a trouvé un job d'été à Tunis.

7. ___**faux**___ Aïcha aime écrire des poèmes.

8. ___**vrai**___ Les couchers du soleil sont magnifiques à Nefta.

■ DEUXIEME ETAPE

13 En ville

a. Réponds aux questions suivantes d'après ce que tu vois sur l'image ci-dessous. **Answers will vary. Possible answers:**

1. Comment peut-on se déplacer *(get around)* dans cette ville?

   à pied, en voiture, en bus, à vélomoteur

2. Quels inconvénients y a-t-il à conduire une voiture (pour le conducteur)?

   les embouteillages, trouver une place de stationnement

3. Quels sont les problèmes causés par les voitures (pour l'environnement)?

   la pollution, le bruit

4. Où est-ce que les gens peuvent marcher et traverser la rue?

   sur les trottoirs, sur les passages pour piétons

5. Qu'est-ce qui empêche les gens de voir le ciel?

   les gratte-ciel et les grands immeubles

b. Fais une description aussi détaillée que possible de cette rue en utilisant des phrases complètes. Fais au moins cinq phrases. **Answers will vary. Possible answer:**

   Il y a beaucoup de piétons dans cette rue et ils sont très pressés.

   Il n'y a pas vraiment d'embouteillages mais il y a beaucoup de gens

   sur les trottoirs. Les immeubles sont hauts et il y a même des gratte-ciel.

   Sur la route, il y a des voitures, des vélomoteurs et un bus. Il n'y a pas

   beaucoup d'arbres dans cette rue.

14 Le jeu des «O» Trouve les mots qui correspondent aux définitions suivantes. Ils contiennent tous la lettre **o**.

1. Il y a beaucoup de gens. C'est une…
2. Ils n'utilisent pas de véhicules pour aller quelque part.
3. Quand on n'aime vraiment pas une situation, on peut dire : «C'est l'… !»
4. Ça n'est pas bon pour l'environnement.
5. Quand on en a ras le bol, mais on est poli, on peut dire : «C'est…, à la fin!»
6. Il y a tellement de voitures qu'on ne peut plus avancer.
7. C'est plus gros qu'une bicyclette mais moins gros qu'une motocyclette.
8. Les piétons marchent dessus.
9. Quand on en a marre, on peut dire : «J'en ai ras le… !»

1. ➡ F O U L E
2. ➡ P I E T O N S
3. ➡ H O R R E U R
4. ➡ P O L L U T I O N
5. ➡ I N S U P P O R T A B L E
6. ➡ E M B O U T E I L L A G E
7. ➡ V E L O M O T E U R
8. ➡ T R O T T O I R
9. ➡ B O L

15 Une dure journée en ville Pauvre Armand! Il n'est pas habitué aux grandes villes et il doit passer la journée à Paris avec sa sœur et son frère. Il est aussi très pressé. Si tu étais lui, qu'est-ce que tu dirais dans les situations suivantes? **Answers will vary. Possible answers:**

> C'est insupportable, à la fin!   Je commence à en avoir marre!   C'est bien aimable.
> Non mais, vous vous prenez pour qui?
> C'est gentil à vous.   Ça va pas, non?!   Si c'était moi…   J'en ai ras le bol!
> Dites donc, ça vous gênerait de… ?   Ça commence à bien faire, hein?

1. Deux piétons discutent au milieu de la rue, devant sa voiture, et il ne peut pas avancer.

   Dites donc, ça vous gênerait de bouger?

2. Sa sœur veut lui emprunter 500 francs pour s'acheter une nouvelle robe.

   Ça va pas, non?!

3. Il y a un embouteillage et tous les automobilistes klaxonnent en même temps.

   J'en ai ras le bol!

4. Des gens mal élevés n'arrêtent pas de le pousser quand il marche sur le trottoir.

   C'est insupportable, à la fin!

5. Son petit frère n'arrête pas de lui marcher sur les pieds.

   Ça commence à bien faire, hein?

CHAPITRE 8 Deuxième étape

16 On n'est pas d'accord Un jeune Français, Michel, et son amie tunisienne, Barka, comparent la vie à Tunis et à Paris. Chacun d'eux défend sa ville natale. Complète leur conversation. **Answers may vary. Possible answers:**

plus de/d'	moins	plus	que/qu'	tandis que/qu'

meilleur(e)(s)	autant	moins de/d'	autant de/d'

MICHEL Moi, je trouve qu'il y a beaucoup __plus de__ pollution à Tunis __qu'__ à Paris.

BARKA Ça va pas, non?! Tunis est __plus__ petit __que__ Paris, donc Tunis est __moins__ pollué, bien sûr!

MICHEL Peut-être, mais à Tunis, il n'y a rien à faire le week-end, __tandis que__ chez moi, à Paris, on peut faire des tas de choses.

BARKA D'accord, mais à Tunis, il n'y a pas __autant d'__ embouteillages!

MICHEL Mouais, mais à Paris, il y a __plus de__ restaurants.

BARKA Peut-être, mais les restaurants sont __meilleurs__ à Tunis.

MICHEL En tout cas, à Paris, il y a __moins de__ bruit __qu'__ à Tunis.

BARKA Alors là, ça m'étonnerait! A Paris, on ne s'entend pas!

17 A ton avis Fais des comparaisons en utilisant les listes suivantes. N'oublie pas l'accord des adjectifs. **Answers will vary. Possible answers:**

voiture	rapide	vélomoteur
campagne	pollué	ville
Parisiens	mal élevés	New Yorkais
plages tunisiennes	beau	plages françaises
gratte-ciel	Tunis	Chicago
vie… chère	Californie	Tunisie

Exemple : Les voitures sont plus rapides que les vélomoteurs.

1. La campagne est moins polluée que la ville.

2. Les Parisiens sont aussi mal élevés que les New Yorkais.

3. Les plages tunisiennes sont plus belles que les plages françaises.

4. Il y a moins de gratte-ciel à Tunis qu'à Chicago.

5. La vie est plus chère en Californie qu'en Tunisie.

18 *Salut, les jeunes!* Remplis ce questionnaire pour le magazine *Salut, les jeunes!* Justifie chacune de tes réponses en comparant les éléments de ton choix. **Answers will vary.**
Possible answers:

Préfères-tu...	REPONSES	RAISON
la plage ou la piscine?	la plage	Il y a plus de place qu'à la piscine.
la ville ou la campagne?	*la c* **la ville**	*on mange mieux à la c. qu'en vil* Il y a plus de choses à faire qu'à la campagne.
le cinéma ou le théâtre?	*le cinéma* **le cinéma**	*Le c. est moins ennyeux* C'est moins cher et plus cool que le théâtre.
le bus ou la voiture?	*voiture* **la voiture**	*Le v. est plus rapide que le bus.* C'est plus pratique que le bus.
le train ou l'avion?	*le train* **l'avion**	*Il y a plus de choses à voir.* C'est plus rapide que le train.
le rock ou le folk?	*Le folk* **le rock**	*C'est moins stressant.* C'est moins barbant que le folk.
le poulet ou le poisson?	les deux	*Le poulet est meilleur que le pou* Le poulet est aussi bon que le poisson.

19 Les vêtements En Tunisie, il y a des gens qui portent des vêtements traditionnels et d'autres, des vêtements modernes. D'autres encore aiment combiner les deux. Et toi, quel style de vêtements préfères-tu? Explique les raisons de ton choix en utilisant toutes les expressions comparatives que tu connais. **Answers will vary.**

Je préfère des vêtements traditionnels. Un vêtement porté par les femmes tunisiennes est sifsari Le sifsari est traditionnel. Le chéchia est une sorte de chapeau que le hommes portent en Tunisie. Je trouve moins des v. modernes intéressants des vêtements trad onnels.

■ LISONS!

20 La Tunisie

HISTOIRE ET GEOGRAPHIE DE LA TUNISIE

La Tunisie est un très vieux pays dont les frontières ont été tracées dès le huitième siècle avant Jésus-Christ. C'est à cette époque que la reine Didon fonde la ville de Carthage qui devient vite une capitale commerciale de la région méditerranéenne. Plus tard, au deuxième siècle avant J.-C., les Romains envahissent la Tunisie et font de Carthage une partie de leur province africaine. Au septième siècle après J.-C., les Arabes enva-

2

hissent à leur tour le pays et fondent deux villes importantes, Kairouan et Tunis. Stratégiquement situé sur la côte nord, Tunis devient vite la nouvelle capitale de la Tunisie. Au seizième siècle, le pays devient une province de l'Empire ottoman jusqu'à l'établissement du protectorat français en 1881. En 1934, Habib Bourguiba fonde un parti politique appelé «Néo-Destour» dont le but est de réduire la domination française. La Tunisie obtient finalement son indépendance le 20 mars 1956 et devient officiellement la République

3

tunisienne. Bourguiba en est le premier président.

La situation géographique de la Tunisie a facilité les nombreuses invasions dont elle a été l'objet à travers son histoire. Ce petit pays n'a pas moins de 1.300 km de côte méditerranéenne. Il fait face à la France au nord-ouest et à l'Italie au nord-est. La Tunisie a aussi des frontières avec deux très grands pays d'Afrique : l'Algérie à l'ouest et la Libye au sud-est. C'est un pays plutôt plat, au climat relativement pluvieux au nord et aride au sud.

a. Place these words in the appropriate category.

Didon | Carthage | Ottomans | Kairouan | Romains
Bourguiba | Libye | Arabes | Tunis | Algérie

Cities	Countries	Peoples	Famous people
Carthage Kairouan Tunis	Libye Algérie	Ottomans Romains Arabes	Didon Bourguiba

b. Answer the following questions in English. **Answers may vary. Possible answers:**

1. Why has Tunisia been invaded so often throughout history?
   It's a strategic area on the Mediterranean.

2. What political party helped Tunisia become independent? What was the name of its leader? What became of him?
   Néo-Destour; Habib Bourguiba; He became the first president of the Republic of Tunisia.

■ PANORAMA CULTUREL

21 Un séjour en Tunisie   Answer these questions in English. **Answers may vary. Possible answers:**

1. What are two traditional articles of clothing worn in Tunisia, and who wears them?

   a chéchia, a type of fez worn by men; a sifsari, a robe-like garment worn

   by women

2. In what ways is Tunisia a blend of modern and traditional life? Give at least three examples.

   Tunisian cities have high-rise buildings and modern public transportation,

   while in some parts of the country, people live in tents. In cities, there is

   a mix of traditional and modern clothing. A person might wear both a suit

   and a chéchia. People in cities have personal computers, but other

   people still live the way their ancestors did.

22 Une carte postale   You're touring Tunisia. So far you've been to the capital, Tunis, and to the town of Nefta. Describe your experience in English to a friend back home. **Answers will vary.**

Tunis the ca ... . In
Tunis I visited a shopping area
and went to festivals. The Festival
of Carthage was fun!
Tunis is the capital and has a lot
of international conferences.
Near Tunis was Carthage and
beaches. Tunis is larger that
Nefta.

CHAPITRE 8 Panorama culturel

9 C'est l'fun!

■ MISE EN TRAIN

1 La télé, ça se partage   Complète le résumé de **La télé, ça se partage**.

Ovida   chouettes   publicité   parler   épisode   s'intéresser   film

Danielle   face   télé   vrai   Emilie   tranquillement   Fabien

s'aiment   hypocrite   magnétoscope   terrible   partent

Ce soir, Fabien et Danielle regardent la télévision ensemble. Danielle veut regarder un

_____**épisode**_____ de son feuilleton préféré, «Emilie, la passion d'une vie», mais Fabien

aimerait mieux regarder un _____**film**_____. Ils tirent à pile ou _____**face**_____ et

c'est _____**Danielle**_____ qui gagne. Danielle est en colère parce que Fabien n'arrête pas de

(d') _____**parler**_____ pendant le feuilleton. Elle lui explique quand même qu'Emilie et

_____**Ovida**_____ se disputent parce qu'ils _____**s'aiment**_____. Fabien n'est pas content

parce qu'il y a de la _____**publicité**_____ pendant le feuilleton. Danielle, elle, pense que ça crée

du suspense et que certaines pubs sont _____**chouettes**_____. Elle se moque de Fabien parce

qu'il commence à _____**s'intéresser**_____ au feuilleton. Elle le traite de (d') _____**hypocrite**_____

parce qu'il refuse d'admettre que ça lui plaît.

■ PREMIERE ETAPE

2 Chacun ses goûts Devine ce que les personnes suivantes aiment regarder à la télé d'après ce qu'elles disent.

a. les dessins animés   **c.** les informations   **e.** les reportages sportifs

b. la météo   **d.** les jeux télévisés   **f.** les vidéoclips

3 Un sondage Une chaîne de télévision canadienne voudrait savoir ce que les lycéens américains préfèrent comme émissions. Remplis ce formulaire. **Answers will vary.**

Les jeunes Américains et la télé

a. Combien d'heures par jour regardes-tu la télé?

____ 0   ____ entre 2 et 3   ____ plus de 4

____ entre 1 et 2   ____ entre 3 et 4

b. Classe les types d'émissions suivants par ordre de préférence, de 1 (j'adore!) à 12 (je déteste!) selon tes goûts :

____ les feuilletons   ____ les dessins animés   ____ les informations

____ la météo   ____ les reportages sportifs   ____ les documentaires

____ les vidéoclips   ____ la publicité   ____ les magazines télévisés

____ les jeux   ____ les variétés   ____ les séries

c. Réécris tes quatre types d'émissions favoris et donne le nom d'une émission spécifique de chaque type.

_____

_____

_____

_____

---

4 Toi et le petit écran   Que penses-tu de la télé? Voici ce que deux jeunes Canadiens en disent. Es-tu d'accord avec eux? Donne ton opinion en utilisant certaines des expressions suggérées et explique tes raisons. **Answers will vary.**

Je suis d'accord.	Moi aussi.	Moi non plus.	Tout à fait!
Pas du tout!		Elle/Il a tort.	Elle/Il a raison.

> Je n'aime pas beaucoup regarder la télé. Il y a trop d'émissions ennuyeuses et trop de pubs. Je préfère la radio.

_____
_____
_____
_____
_____

> Moi, la télévision, j'adore. Surtout les vidéoclips et les feuilletons.

_____
_____
_____
_____
_____

5 Le monde de la télé

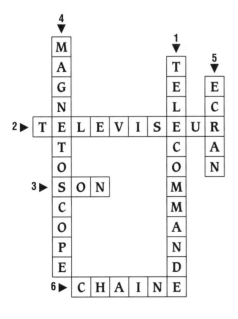

1	2
(télécommande)	C'est l'appareil qu'on utilise pour regarder la télé.
3 Quand on n'entend pas bien la télé, il faut le monter.	**4**
5	**6** Il y en a beaucoup aux Etats-Unis et chacune a des émissions différentes.

Mots croisés:
- 4 ↓ MAGNETOSCOPE
- 1 ↓ TELECOMMAND
- 5 ↓ ECRAN
- 2 ► TELEVISEUR
- 3 ► SON
- 6 ► CHAINE

CHAPITRE 9 Première étape

6 Le jeu des paires   Trouve la bonne réponse.

__e__ 1. Où est la cassette vidéo?

__c__ 2. Je n'entends rien!

__f__ 3. Mais où est le programme télé?

__a__ 4. Je n'aime pas cette pub. Et toi?

__b__ 5. Tu préfères regarder le match ou le film?

__d__ 6. Tu sais ce qu'il y a après le film?

a. Moi non plus. Elle est nulle!

b. Ça m'est vraiment égal. Choisis.

c. Eh ben, monte le son!

d. Les informations, je crois.

e. Dans le magnétoscope, bien sûr!

f. Je ne sais pas. Je ne le vois nulle part.

7 Une enquête   Tu fais une enquête *(a survey)* sur les habitudes télévisuelles des Français. Tous les gens que tu interroges te répondent négativement. Qu'est-ce qu'ils disent? **Answers will vary. Possible answers:**

1. Est-ce que tout le monde regarde la télévision chez vous?

   Non, personne ne regarde la télévision chez moi.

2. Est-ce que vous préférez regarder le sport ou la météo?

   Je n'aime regarder ni le sport ni la météo.

3. Quel programme télé achetez-vous, en général?

   Je n'achète aucun programme télé.

4. Qu'est-ce que vous faites pendant que vous regardez la télé?

   Je ne fais rien pendant que je regarde la télé.

5. Est-ce que vous regardez souvent les jeux télévisés?

   Non, je ne regarde jamais les jeux télévisés.

8 Les habitudes familiales   Fais quelques phrases sur les habitudes télévisuelles de ta famille. Utilise les expressions proposées quand tu peux. **Answers will vary.**

documentaire   jeu télévisé   émission   personne... ne   chaîne   vidéoclip   ne... que   reportage sportif   ne... jamais   feuilleton   ne... ni... ni

Allez, viens! Level 3, Chapter 9

9 **On ne s'entend plus!** Que dirais-tu dans les situations suivantes? **Answers may vary.**
Possible answers:

> Baisse le son! Tu rigoles! Tu l'as dit! Ne parle pas si fort. Tu as tort.
> Vous pourriez vous taire, s'il vous plaît? Tu pourrais faire moins de bruit?
> Chut!

1. Ta petite sœur parle pendant ton émission préférée.

   Chut!

2. Les gens qui sont assis derrière toi au cinéma parlent fort pendant le film.

   Vous pourriez vous taire, s'il vous plaît?

3. Ton copain aime écouter de la musique très très fort.

   Baisse le son!

4. Ton frère claque *(slams)* les portes et passe l'aspirateur quand tu veux dormir.

   Tu pourrais faire moins de bruit?

10 **Entre copains** Elodie, Stella, Thierry, Louise et Jean-Yves regardent la télé ensemble.
Imagine leur conversation d'après l'image. **Answers will vary.**

_____
_____
_____
_____
_____
_____
_____
_____
_____

CHAPITRE 9 Première étape

■ REMISE EN TRAIN

11 **D'accord, pas d'accord** Regarde les posters de ces trois films. De quel film est-ce que les personnages de **D'accord, pas d'accord** parlent?

a.

b. SIDEKICKS

c. L'UNION SACRÉE

<u> c </u> «C'est un film policier. C'est plein d'action et de suspense. Et puis, les acteurs sont super et on ne s'ennuie pas une seconde. L'un des personnages fait partie des services secrets. L'autre est flic. Au début, ils ne s'entendent pas du tout, mais ils sont obligés de travailler ensemble pour arrêter des terroristes.»

<u> a </u> «Ça parle d'une adolescente qui est en vacances avec son père dans une île. Elle rencontre un garçon super-mignon et elle lui fait croire que son père est son petit ami. C'est vraiment marrant.»

<u> b </u> «C'est l'histoire d'un garçon qui a des problèmes avec les autres jeunes de son quartier. Dans ses rêves, il rencontre son idole, un homme très fort. A la fin, il prend des leçons de karaté. Il y a beaucoup d'action et c'est très bien fait.»

■ DEUXIEME ETAPE

12 Mots croisés

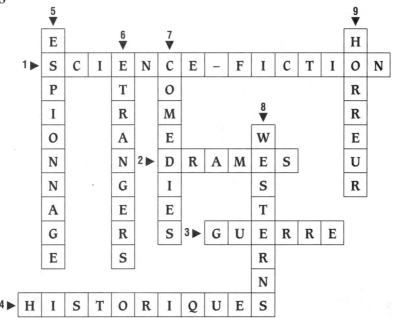

HORIZONTALEMENT

1. Les films de… parlent d'aventures qui se passent dans le futur.

2. Les… ont des sujets sérieux et souvent tristes.

3. Les films de (d')… parlent de conquêtes militaires.

4. Quand on aime les aventures du passé, on va voir des films…

VERTICALEMENT

5. Les films de James Bond sont des films de (d')…

6. Quand on s'intéresse à d'autres cultures, on va voir des films…

7. Ceux qui aiment rire vont voir des…

8. Ceux qui aiment les histoires de cow-boys vont voir des…

9. Les gens qui aiment avoir peur aiment les films de (d')…

13 Le cinéma américain
Regarde les titres de ces films américains et réponds à Julien, ton correspondant canadien, qui veut savoir à quels genres ils appartiennent. **Answers may vary. Possible answers:**

1. C'est un film de science-fiction.
2. C'est une comédie.
3. C'est un film de science-fiction.
4. C'est un dessin animé.
5. C'est un film d'horreur.
6. C'est un film historique.
7. C'est un film d'amour.
8. C'est une comédie musicale.

CHAPITRE 9 Deuxième étape

14 Des recommandations Julien veut maintenant savoir ce que tu penses des films que tu as vus récemment. **Answers will vary.**

  a. D'abord, fais une liste de trois ou quatre films que tu as vus et classe-les dans les deux catégories données.

SUPER!	NUL!

  b. Maintenant, écris une lettre à Julien où tu lui parles de ces films en utilisant certaines des expressions suggérées.

Ça m'a beaucoup plu.   J'ai trouvé ça pas mal.   Ça m'a bien fait rire.

Il y avait de bonnes scènes d'action.   Tu devrais aller voir...

C'est lourd.   C'est génial comme film.   C'est nul.

Ça n'a aucun intérêt.   Je n'ai pas du tout aimé...   C'est un navet.

Ne va surtout pas voir...

Ça ne m'a pas emballé(e).   Je me suis ennuyé(e) à mourir.

_____ ,

15 Un navet Tu as vu un très mauvais film récemment. Tu le dis à tes camarades de classe et ils te posent des questions sur ce film. Réponds-leur. **Answers will vary.**

1. Comment s'appelle le film que tu as vu?
2. C'est quel genre de film?
3. Où est-ce que ça se passe?
4. De quoi ça parle?
5. Comment est-ce que ça commence?
6. Comment est-ce que ça se termine?
7. Pourquoi est-ce que tu l'as trouvé mauvais?

1. _____
2. _____
3. _____
4. _____
5. _____

6. _____

7. _____
_____
_____

16 Joignons les deux bouts Relie les bouts de phrases suivants de manière logique en utilisant **qui**, **que (qu')** et **dont**.

Le film	que	j'ai vu hier est super!
Va voir le western	dont	je t'ai parlé!
Je connais quelqu'un	dont	le père est acteur.
J'aime les histoires	qui	se terminent bien.
L'actrice	qui	joue dans ce film est très célèbre.
Sylvie a aimé la comédie	qu'	elle a vue ce week-end.

CHAPITRE 9 Deuxième étape

17 **Le jeu des définitions** Ton ami Bachir passe les vacances aux Etats-Unis. Il ne comprend pas très bien l'anglais et il te demande ce que les mots suivants signifient. Définis-les pour lui en utilisant **qui, que** et **dont**. (Aide-toi des mots suggérés si tu veux.) **Answers will vary. Possible answers:**

jouer	instrument	changer	regarder
personnage	espion	machine	personne

Exemple : *a V.C.R.?* C'est une machine qu'on utilise pour regarder des cassettes vidéo.

1. *an actor?* C'est une personne qui joue dans des films et des pièces de théâtre.

2. *a remote control?* C'est un instrument qu'on utilise pour changer de chaîne de télé.

3. *a spy flick?* C'est un film dont les personnages sont des espions.

18 **Une critique de film** Imagine que tu es journaliste pour un magazine sur le cinéma. Ecris la critique d'un film que tu as vu récemment. Mentionne le titre, le genre du film, les acteurs principaux et résume *(summarize)* l'histoire pour tes lecteurs. Dis aussi ce que tu as pensé du film et si tu le recommandes ou non. **Answers will vary.**

J'ai trouvé ça...

une comédie

Il y avait...

un film d'action

Ça parle de...

C'est avec...

Ça se passe... un drame

C'est à ne pas manquer!

Ça m'a beaucoup plu.

A la fin,...

Ça ne vaut pas le coup!

■ LISONS!

19 Les effets de la télé The Canadian magazine *Télé-ciné* asked its young readers about the effect TV has on people. Here are some answers.

Cher Télé-ciné,
Moi, je pense que la télé influence tout le monde de manière positive. C'est une véritable fenêtre sur le monde. Ça permet aux jeunes de connaître le monde et de découvrir des endroits où ils ne peuvent pas aller sans bouger de leur chaise. D'après moi, c'est le meilleur moyen de s'éduquer. Si on n'avait pas la télé, il faudrait l'inventer!
Bénédicte

Cher Télé-ciné,
A mon avis, il faudrait rendre la télévision illégale. D'abord, si on n'avait pas la télé, il y aurait moins de violence. Il y a beaucoup trop de violence dans les films, les documentaires, les informations et même les dessins animés. Peu à peu, le public est influencé par tout ça et la violence se normalise. Je crois aussi que personne ne lit plus à cause de la télé. On est devenu une société paresseuse qui préfère regarder passivement l'écran plutôt que d'ouvrir un livre. A bas la télévision!
Denis

Pour moi, l'effet de la télé sur la société est bon et mauvais. D'un côté, je trouve qu'il y a de très bons programmes qui permettent d'apprendre des choses nouvelles chaque jour. Les émissions scientifiques, par exemple. J'adore l'histoire et la géo et, pour moi, c'est beaucoup plus amusant de regarder un documentaire avec de bonnes images que de lire un livre sur un sujet comme ça. D'un autre côté, il y a des choses stupides comme la publicité, les émissions à sensation et surtout, les feuilletons. Si on supprimait ça, l'influence de la télé serait très positive.
Juliette

a. Which person thinks that . . .	Bénédicte	Denis	Juliette
1. TV has an excellent effect on people?	✔		
2. advertising is silly?			✔
3. it's more fun to watch TV than to read books on serious subjects?			✔
4. people don't read anymore because of TV?		✔	
5. we couldn't live without TV?	✔		
6. TV would be better without soap operas?			✔

b. With which person do you agree most? Why? **Answers will vary.**

_____

_____

_____

_____

■ PANORAMA CULTUREL

20 La grande ville   Tell whether the following statements are true or false and correct them if they're false. **Answers may vary. Possible answers:**

1. **Vieux-Montréal** is a city in Canada.

   false; It's a district of Montreal.

2. Montreal is on the Atlantic Ocean.

   false; It's inland.

3. Montreal is the second largest French-speaking city in the world.

   true

4. People speak only French in Montreal.

   false; Many people also speak English there.

5. Montreal is situated in the province of Quebec.

   true

6. Montreal is a lively city and an important business center.

   true

7. Canada produces a lot of non-fiction films.

   true

8. *Mon oncle Antoine* and *Le Château de sable* are Canadian TV series.

   false; They're feature films.

21 Le monde des médias et du spectacle   Answer the following questions in English. **Answers may vary. Possible answers:**

1. In what major languages do Canadian TV and radio networks broadcast?

   in English and French

2. How many national channels are there in Canada?

   two, one in English and one in French

3. What is **Réseau de télévision?**

   a private TV channel

4. What major festival takes place in Montreal?

   the «Festival international du jazz»

Nom_____ Classe_____ Date_____

Rencontres au soleil

■ MISE EN TRAIN

1 La plongée, quelle aventure! Choisis la réplique appropriée à chaque situation.

a. **Tu en as, du courage!**

b. **Ah bon, pourtant… je dois sûrement confondre avec quelqu'un d'autre.**

c. **Génial. Au début, j'avais un peu peur, mais une fois dans l'eau…**

d. **Lâche-moi, tu veux? Il a l'air sympa, c'est tout.**

PASCAL   Devine ce que j'ai fait.

MAXIME   Je ne sais pas.

PASCAL   De la plongée.

MAXIME   Alors, comment tu as trouvé ça?

PASCAL   ___c___

PASCAL   Excusez-moi, mesdemoiselles, on ne s'est pas déjà rencontrés quelque part?

BRIGITTE   Euh… Non. Je ne crois pas.

PASCAL   ___b___

PASCAL   J'ai vu un requin.

ANGELE   Pas possible! Tu as dû avoir peur, non?

PASCAL   Oh, tu sais, j'en ai vu d'autres.

ANGELE   ___a___

BRIGITTE   Non mais, tu es amoureuse ou quoi?

ANGELE   ___d___

Allez, viens! Level 3, Chapter 10

■ PREMIÈRE ÉTAPE

2 **Un océan de «e»** Trouve les huit mots qui composent cette pieuvre d'après les définitions correspondant à chaque tentacule. Tous les mots contiennent au moins un «e» et désignent un élément du monde marin.

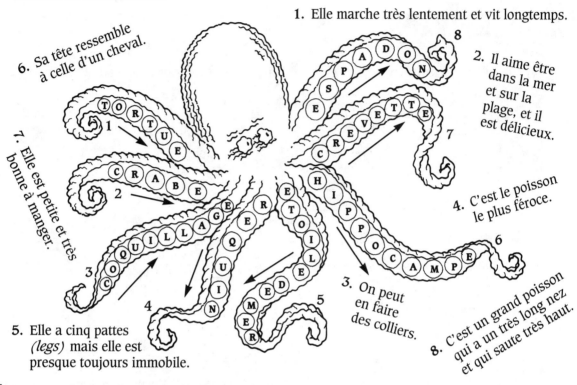

1. Elle marche très lentement et vit longtemps.

2. Il aime être dans la mer et sur la plage, et il est délicieux.

4. C'est le poisson le plus féroce.

3. On peut en faire des colliers.

6. C'est un grand poisson qui a un très long nez et qui saute très haut.

6. Sa tête ressemble à celle d'un cheval.

7. Elle est petite et très bonne à manger.

5. Elle a cinq pattes *(legs)* mais elle est presque toujours immobile.

3 **Le jeu des catégories** Groupe les éléments du monde marin dans différentes catégories d'après les définitions données. Attention! Certains éléments peuvent appartenir à plusieurs catégories. **Answers may vary. Possible answers:**

■ le corail   les crevettes   les crabes   les requins   les algues
■ les coquillages   les rochers   les espadons   les homards   les étoiles de mer
                                                                        les méduses

On peut en manger au restaurant :

    les crevettes

    les espadons

    les homards

    les crabes

On les collectionne :

    les coquillages

    le corail

    les étoiles de mer

Ils/Elles sont dangereux (-euses) :

    les requins

    les méduses

    les espadons

On les trouve sur la plage autant que dans la mer :

    les crabes

    les algues

    les coquillages

    les rochers

4 Qui dit quoi? Simone pense qu'elle fait toujours tout très bien. Son amie Céline, au contraire, est très modeste. Elle admire Simone et le lui dit souvent. Laquelle des deux dit les choses suivantes? Ecris un «**S**» dans les bulles de Simone et un «**C**» dans celles de Céline.

C Tu en as, du courage!

S C'est fastoche, ça!

S C'est pas pour me vanter, mais...

C Tu es vraiment la meilleure.

C Alors là, tu m'épates!

S C'est moi qui travaille le mieux.

S C'est moi, la meilleure.

5 Quel prétentieux! Fais des phrases avec les expressions suivantes. Ensuite, numérote *(number)* les phrases que tu as faites dans le bon ordre pour créer une conversation logique. **Answers may vary. Possible answer:**

___2___ calé/tu/c'est/vraiment/difficile/être/la plongée/ouah
Ouah! Tu es vraiment calé! C'est difficile, la plongée!

___1___ me vanter/moi/pas/mais/faire/je/tous les jours/pour/de la plongée/c'est
C'est pas pour me vanter, mais moi, je fais de la plongée tous les jours.

___4___ m'épater/le plus courageux/être/tu/le garçon/tu/que je connaisse/alors là
Alors là, tu m'épates! Tu es le garçon le plus courageux que je connaisse!

___3___ fastoche/non/ça/nager/avec un requin/hier/c'est/je/même
Non, c'est fastoche, ca! Hier, j'ai même nagé avec un requin.

___5___ en voir/d'autres/oh/je/tu/savoir
Oh, tu sais, j'en ai vu d'autres!

6 Auto-portraits Imagine ce que les animaux suivants pourraient dire pour se définir eux-mêmes. Utilise des superlatifs et aide-toi des mots suggérés. **Answers will vary. Possible answers:**

| long | courir | poisson | vite | dangereux | cou |
| cheval | gros | marcher | ressembler à | bras |

Exemple : Le guépard : C'est moi qui cours le plus vite.

1. La tortue : **C'est moi qui marche le moins vite.**
2. La girafe : **C'est moi qui ai le plus long cou.**
3. Le requin : **C'est moi qui suis le plus dangereux.**
4. L'hippocampe : **C'est moi qui ressemble le plus à un cheval.**
5. La pieuvre : **C'est moi qui ai le plus de bras.**

7 **A ton avis** Réponds aux questions suivantes avec des phrases complètes.
Answers will vary.

1. Qui est le/la meilleur(e) acteur/actrice de cinéma?

   _____

2. Quel est le groupe de rock qui chante le mieux?

   _____

3. Quelle est la meilleure chanson de l'année?

   _____

4. Parmi tes ami(e)s, qui court le plus vite?

   _____

5. Chez toi, qui fait le moins bien la cuisine?

   _____

6. Chez toi, qui se lève le plus tôt?

   _____

7. Dans ta classe de français, qui parle le plus?

   _____

8. Quel est le plus mauvais restaurant de ta ville?

   _____

8 **Une île merveilleuse** Tu viens de rentrer de Guadeloupe où tu as passé les meilleures vacances de ta vie. Ecris à une amie guadeloupéenne pour lui dire tout ce que tu as aimé dans son île. Utilise des superlatifs pour décrire tes impressions. **Answers will vary.**

_____

_____

_____

_____

_____

_____

_____

_____

_____

                              _____

9 Faut-il croire Raphaël? Ton ami Raphaël a passé ses vacances à la Guadeloupe. A son retour, il te raconte ce qu'il a fait là-bas. Dans certains cas, tu le crois et tu lui montres ton admiration. Dans d'autres cas, tu ne le crois pas. Emploie des expressions différentes dans chaque cas. **Answers will vary. Possible answers:**

RAPHAEL J'ai pêché six espadons en un jour!

TOI _____**Arrête de délirer!**_____

RAPHAEL Toutes les filles étaient amoureuses de moi.

TOI _____**Réveille-toi un peu!**_____

RAPHAEL J'ai appris à faire de la plongée sous-marine.

TOI _____**Alors là, tu m'épates!**_____

RAPHAEL J'ai gagné une course sur la plage. Tu vois ma médaille?

TOI _____**Tu es vraiment le meilleur.**_____

10 On se chamaille Stéphane et sa sœur Elodie se disputent souvent et se moquent l'un de l'autre. Imagine leurs conversations dans les situations suivantes. **Answers will vary. Possible answers:**

1. Stéphane est amoureux d'une fille de sa classe.

   _____**Elodie : Tu es amoureux, ou quoi?**_____

   _____**Stéphane : Lâche-moi, tu veux? Elle m'aime**_____

   _____**bien aussi.**_____

   _____**Elodie : Non mais, tu t'es regardé?**_____

   _____**Stéphane : Oh, ça va, hein! Qu'est-ce que tu**_____

   _____**en sais?**_____

2. Elodie a perdu la bande dessinée de Stéphane.

   _____**Stéphane : Tu en rates pas une, toi!**_____

   _____**Elodie : Ben, ça peut arriver à tout le monde.**_____

   _____**Stéphane : Oui, mais c'était ma B.D. favorite!**_____

   _____**Arrête de prendre mes affaires!**_____

   _____**Elodie : Et toi, arrête de m'embêter!**_____

■ REMISE EN TRAIN

11 **Des nouvelles de Guadeloupe**   Ecris la lettre de la phrase qui correspond à chaque image d'après ce que Joëlle dit dans sa lettre.

a. *Je ne t'ai pas dit? On a gagné en relais!*

f. *On va à la plage tous les week-ends.*

g.

h.

c. *Michel a raté son bac. Il travaille dans la boutique de son père.*

e. *Hier, je suis allée écouter un concert de salsa.*

b. *Au fait, tu savais que Prosper s'était cassé la jambe?*

b.

d. *Si tu savais comme tu me manques.*

a.

g. *Figure-toi que Julie, la sœur de Raoul, s'est mariée.*

h. *Je ne t'ai pas dit? Viviane et Paul se sont fâchés.*

■ DEUXIEME ETAPE

12 Le bon mot Choisis le mot qui convient dans chaque situation.

| déménagé | percer | bagarré | prendre | embouti | lavé |
| perdu | | payé | enlever | mal | cassé |

1. Simon s'est _____**cassé**_____ la jambe en tombant d'un arbre.

2. Nicole habite à Paris maintenant. Elle a _____**déménagé**_____ il y a trois mois.

3. Gilles a _____**embouti**_____ la voiture de son père qui est maintenant obligé de prendre le bus pour aller au travail.

4. Anaïs s'est fait _____**percer**_____ les oreilles.

5. Eric a _____**perdu**_____ beaucoup de poids cet été.

6. Félix s'est _____**bagarré**_____ avec son meilleur copain.

7. Adamou s'est fait _____**mal**_____ au pied en jouant au tennis.

13 Causes et conséquences Complète la lettre de Jacqueline à son ami Romain en imaginant ce qui est arrivé à chaque personne. **Answers will vary. Possible answers:**

> Cher Romain,
>
> Merci de ta lettre. Ici, tout va bien. Enfin, presque tout. Figure-toi que Lucien est tombé de cheval et il _**s'est fait mal au dos**_.
> Quant à M. Patri, il est sorti sans son manteau quand il neigeait et, bien sûr, il _**est tombé malade**_. Ah oui! Noémie _**s'est bagarrée**_ avec Sébastien et maintenant, ils ne se parlent plus. Mais c'est pas tout! Karim _**s'est fiancé**_ avec une fille qu'il a rencontrée à une boum. Il est très amoureux. Tu savais que Caroline voulait passer son permis? Elle _**prend des leçons de conduite**_. Quant à Koffi, il en a marre d'aller à l'école à pied. Il _**s'est acheté un vélomoteur**_.
> Voilà. Tu sais tout! Grosses bises.
>
> Jacqueline

14 Qui croire? Parmi tes amis, il y en a qui exagèrent et d'autres qui disent la vérité. Choisis tes réponses à ce qu'ils disent selon que tu les crois ou pas. Utilise une réponse différente dans chaque cas. **Answers will vary. Possible answers:**

J'ai entendu dire que Julien avait gagné une course aux Jeux olympiques!

N'importe quoi!

Le prof de français s'est cassé la jambe en faisant du ski.

Raconte!

Chantal a embouti la voiture de sa mère.

Oh là là!

Tu savais qu'il n'y aurait pas d'école demain?

Qui t'a dit ça?

Je ne t'ai pas dit? Mes parents vont m'acheter un avion pour mon anniversaire.

Mon œil!

15 C'est pas vrai! Il s'est passé des choses incroyables dans la vie de ton amie Susie récemment. Ecris une conversation dans laquelle tu racontes à un(e) autre ami(e) au moins trois des choses qui sont arrivées à Susie. Utilise ton imagination! Ton ami(e) montre son intérêt, mais a aussi du mal à te croire. **Answers will vary.**

_____

_____

_____

_____

_____

_____

_____

_____

_____

_____

_____

16 Alors, raconte! Tu as déménagé et tes anciens camarades de lycée se sont réunis pour te téléphoner dans ta nouvelle ville. Après votre conversation, dis à ta sœur ce qu'ils t'ont raconté en utilisant le plus-que-parfait. N'oublie pas de faire tous les changements nécessaires.

Exemple : Antoine : «J'ai réussi mon bac!»

Antoine m'a dit qu'il avait réussi son bac.

1. Cécile : «J'ai embouti la voiture de ma mère.»

    Cécile m'a dit qu'elle avait embouti la voiture de sa mère.

2. Liselotte : «J'ai déménagé.»

    Liselotte m'a dit qu'elle avait déménagé.

3. Julie : «Je me suis fiancée avec Sébastien!»

    Julie m'a dit qu'elle s'était fiancée avec Sébastien.

4. Nicolas : «J'ai trouvé un job super!»

    Nicolas m'a dit qu'il avait trouvé un job super.

5. Raphaël : «Je me suis acheté un vélomoteur.»

    Raphaël m'a dit qu'il s'était acheté un vélomoteur.

6. Perrine : «J'ai appris à faire de la plongée.»

    Perrine m'a dit qu'elle avait appris à faire de la plongée.

7. Baptiste : «J'ai eu 18 à mon interro de maths!»

    Baptiste m'a dit qu'il avait eu 18 à son interro de maths.

17 Sur les traces de Fabrice Martin visite la Guadeloupe avec Fabrice qui veut lui montrer tous les endroits où il est déjà allé l'année dernière. Complète la lettre que Martin t'a écrite en utilisant certains des verbes suggérés au passé composé ou au plus-que-parfait selon le cas.

commander   emboutir   aller

se bagarrer   visiter   sortir

Salut de Guadeloupe!

Figure-toi que mon copain Fabrice a passé ses vacances ici l'année dernière. Il a tellement aimé tout ce qu'il avait fait qu'il a décidé de refaire avec moi exactement le même itinéraire! Donc on **est allés** dans tous les restaurants où il **était allé** l'année dernière. On **a commandé** tous les plats qu'il **avait commandés**. Nous **avons visité** tous les parcs, les musées et les monuments qu'il **avait visités** pendant ses dernières vacances. On est allés au marché de Pointe-à-Pitre et je (j') **ai acheté** exactement les mêmes souvenirs que Fabrice et sa sœur **avaient achetés** à leurs amis l'année dernière! Après ça, tu ne devineras jamais ce qui nous est arrivé! Alors qu'on était sur une petite route de campagne, on **est tombés** en panne exactement à l'endroit où Fabrice **était tombé** en panne l'année dernière! On était tellement fatigués qu'on a décidé de passer la nuit dans un village. Et, bien sûr, on **a dormi** à l'hôtel où ce cher Fabrice **avait dormi** il y a un an exactement! Et on dit que l'histoire ne se répète pas... A bientôt, j'espère.

Martin

dormir   tomber   acheter

18 Figure-toi...   Pense à quelque chose de drôle ou de bizarre qui t'est vraiment arrivé. Si rien ne t'est arrivé à toi, raconte quelque chose qui est arrivé à quelqu'un que tu connais. Raconte ton histoire au passé et n'oublie pas d'utiliser le plus-que-parfait quand c'est nécessaire. **Answers will vary.**

_____

_____

_____

_____

_____

_____

_____

_____

_____

19 Une blague   Crée une blague au sujet des notes qu'un garçon a eues au lycée. Ensuite, écris une conversation dans laquelle tu racontes cette blague à un(e) camarade de classe. Utilise les expressions dans la boîte suivante. **Answers may vary. Possible answer:**

avoir 17 à son bulletin

Est-ce que tu connais l'histoire de...

sa mère   dire à sa mère   C'est l'histoire de...

recevoir son bulletin trimestriel

lui demander en quelle matière   répondre

un garçon   être très content(e)   avoir 9 en français et 8 en maths

— Est-ce que tu connais l'histoire du garçon qui vient de recevoir son

bulletin trimestriel?

— Non, raconte!

— Il dit à sa mère qu'il a eu 17 à son bulletin. Alors, sa mère est très

contente et elle lui demande en quelle matière. Il lui répond qu'il a eu

9 en français et 8 en maths!

— Elle est bien bonne, ta blague!

_____

■ LISONS!

20 Tu la connais? Mets chacune de ces histoires drôles dans le bon ordre en numérotant les phrases qui les composent.

a. ___3___ Alors, le chercheur belge lui répond : «Mais non! Il va y aller pendant la nuit, bien sûr!»

___2___ Alors, son collègue français lui dit : «Mais, si votre vaisseau spatial va près du soleil, il va brûler.»

___1___ C'est l'histoire du chercheur scientifique belge qui se vante d'avoir inventé un vaisseau spatial pour explorer le soleil.

b. ___1___ Est-ce que tu connais celle du type qui veut être chauffeur?

___3___ Et alors, l'autre lui répond : «C'est tout à fait moi! Je pense immédiatement à une bonne excuse quand j'emboutis une voiture.»

___2___ L'homme qui cherche un chauffeur lui dit qu'il a besoin de quelqu'un qui ait des réactions rapides en cas d'accident.

c. ___4___ Et la petite fille lui répond : «C'est ma mère.»

___3___ Le directeur lui demande : «Et qui est à l'appareil?»

___1___ C'est l'histoire d'une petite fille qui ne veut pas aller à l'école.

___5___ Elle est bien bonne, ta blague!

___2___ Alors, elle téléphone au directeur de son école et elle lui dit : «Ma fille n'ira pas à l'école aujourd'hui; elle est malade.»

d. ___3___ Le touriste américain lui répond : «Oh! Nous, en Amérique, on peut construire une tour comme celle-là en six mois.»

___1___ Tu connais l'histoire du touriste américain qui prend un taxi à Paris?

___4___ Alors, le chauffeur lui dit : «Et ça, c'est l'Arche de la Défense. On l'a construite en moins d'un an!»

___6___ Alors, le chauffeur de taxi est un peu vexé et il s'arrête de parler. Mais au moment où ils passent devant la tour Eiffel, l'Américain lui demande : «Et ça, qu'est-ce que c'est?»

___2___ D'abord, le chauffeur de taxi lui dit : «Là, vous avez la tour Montparnasse. On l'a construite en un an et demi.»

___5___ Blasé, le touriste américain lui répond : «Bof! Une arche comme ça, nous, aux Etats-Unis, on la construirait en trois mois.»

___7___ Alors, le chauffeur de taxi lui dit : «Ça? Je sais pas! C'était pas là hier!»

■ PANORAMA CULTUREL

21 Vrai ou faux?

1. ___faux___ Guadeloupe is an island near Hawaii.

2. ___vrai___ Banana and sugarcane are major exports of Guadeloupe.

3. ___faux___ Fort-de-France is the main city in Guadeloupe.

4. ___vrai___ Residents of Guadeloupe are French citizens.

5. ___faux___ Basse-Terre is a city in Guadeloupe.

6. ___faux___ The climate in Guadeloupe is dry and cold.

7. ___vrai___ La Soufrière is a volcano.

22 Je n'y comprends rien!   Your friend Jason sent you this letter from Guadeloupe. Answer his letter, explaining in English what he doesn't understand about the local culture. **Answers will vary. Possible answers:**

> Hi!
> I'm spending a couple of weeks in Guadeloupe. It's a lot of fun, but strange things are happening to me. First of all, people seem offended when I go to the post office or a store. I usually say "Bonjour," buy what I need to buy, say "Merci," and leave. What's wrong with that? Also, when I talk to locals about going to France next year, they tell me I _am_ in France.

> 2
> As far as I can tell, I'm in the middle of the West Indies! What do they mean? Finally, I was just walking down the street yesterday when a group of local ladies carrying food baskets started to follow me! Boy, the food they were carrying smelled good! I wish I could speak French to find out all that's going on. Do you know what it's all about? Talk to you soon.
>
> Jason

Dear Jason,

The people of Guadeloupe like to stop and chat when running errands and

shopping. They might find those who don't impolite. Also, Guadeloupe is a

"DOM," or "département d'outre mer," an overseas department of France,

with the same status as any other part of France. Finally, what you saw on

the street was probably the "Fête des Cuisinières," the annual parade of the

local female master chefs.

_____

Laissez les bons temps rouler!

■ MISE EN TRAIN

1 L'Arrivée à Lafayette   Les phrases suivantes résument **L'Arrivée à Lafayette.** Encercle la lettre des mots qui complètent chaque phrase.

1. Simon Laforest habite…

   a. en Louisiane.
   b. au Canada.
   c. en France.

2. Il va en Louisiane pour…

   a. l'année scolaire.
   b. passer les vacances.
   c. faire de la musique.

3. Simon et ses cousins de Louisiane sont les descen- dants de deux frères qui ont quitté… au XVIIIème siècle.

   a. la Guadeloupe
   b. la Tunisie
   c. l'Acadie

4. Simon est… d'Anne.

   a. le cousin
   b. le frère
   c. l'ami

5. La grand-mère de Simon est…

   a. embêtante.
   b. malade.
   c. marrante.

6. Anne rêve d'être…

   a. professeur d'histoire.
   b. avocate.
   c. musicienne.

7. Le Village Acadien est…

   a. un restaurant.
   b. un musée en plein air.
   c. une Maison des jeunes.

8. Anne n'aime pas tellement…

   a. le jazz.
   b. la trompette.
   c. le rock.

9. La semaine prochaine, Simon va…

   a. au Festival International de Louisiane.
   b. au carnaval.
   c. en Acadie.

■ PREMIERE ETAPE

2 Ça fait bien longtemps... Lis ce que disent ces gens et décide s'ils **a) donnent des informations** ou **b) vérifient des informations.**

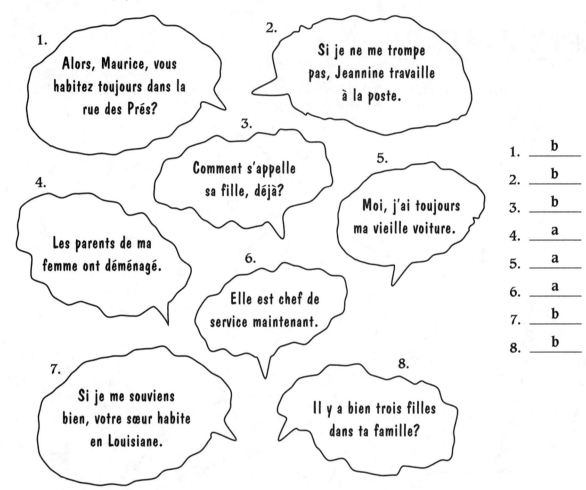

1.
Alors, Maurice, vous habitez toujours dans la rue des Prés?

2.
Si je ne me trompe pas, Jeannine travaille à la poste.

3.
Comment s'appelle sa fille, déjà?

5.
Moi, j'ai toujours ma vieille voiture.

4.
Les parents de ma femme ont déménagé.

6.
Elle est chef de service maintenant.

7.
Si je me souviens bien, votre sœur habite en Louisiane.

8.
Il y a bien trois filles dans ta famille?

1. __b__
2. __b__
3. __b__
4. __a__
5. __a__
6. __a__
7. __b__
8. __b__

3 Un ami retrouvé Tu es en vacances en Californie et tu rencontres un(e) ancien(ne) camarade de classe que tu n'as pas vu(e) depuis trois ans. Pose-lui des questions en utilisant chacune des expressions proposées. **Answers will vary. Possible answers:**

déjà   si je ne me trompe pas   bien   si je me souviens bien   toujours   c'est ça

1. Tu habites toujours à New York?
2. Tu as seize ans, c'est ça?
3. Il y a bien cinq garçons dans ta famille?
4. Si je me souviens bien, tu adores la gymnastique.
5. Comment s'appelle ta mère, déjà?
6. Si je ne me trompe pas, tu es très fort(e) en français.

CHAPITRE 11 Première étape

4 La fête de la musique Ecris dans les bulles le nom des instruments musicaux que tu associes à chaque type de musique. **Answers may vary. Possible answers:**

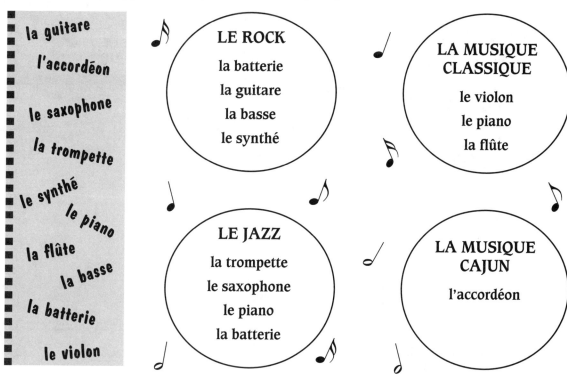

la guitare
l'accordéon
le saxophone
la trompette
le synthé
le piano
la flûte
la basse
la batterie
le violon

LE ROCK
la batterie
la guitare
la basse
le synthé

LA MUSIQUE CLASSIQUE
le violon
le piano
la flûte

LE JAZZ
la trompette
le saxophone
le piano
la batterie

LA MUSIQUE CAJUN
l'accordéon

5 Le meilleur groupe possible Réponds aux questions suivantes. **Answers will vary.**

1. Comment s'appelle ton groupe préféré et quel genre de musique est-ce qu'il joue?

_____

_____

2. Quels sont les membres du groupe et quel est leur rôle?

Exemple : <u>Jacques Cordier. Il joue de la batterie.</u>

_____

_____

_____

_____

_____

3. Combien de leurs disques/cassettes/CD est-ce que tu as? Tu les écoutes souvent?

_____

_____

CHAPITRE 11 Première étape

6 **Des avis différents** Tes amis expriment leurs opinions sur des musiciens, des chanteurs et des groupes. Dis si tu es d'accord avec eux ou non en utilisant les expressions proposées et un commentaire pour renforcer ton opinion. **Answers will vary.**

Je suis d'accord avec toi! Ça, c'est sûr. Tu délires ou quoi?

Moi aussi. Tu rigoles! Moi non plus.

Tu as raison. Tu parles! Pas du tout. N'importe quoi!

Exemple : Moi, U2, ça ne me branche pas trop.
        <u>N'importe quoi! Ils sont super comme groupe!</u>

1. J'adore les Cranberries, et toi?

   _____

2. Je trouve que Reba McEntire chante super bien.

   _____

3. Moi, je déteste l'opéra et surtout Luciano Pavarotti.

   _____

4. Tu aimes R.E.M.? Moi, c'est mon groupe préféré.

   _____

7 **Toutes les musiques** Ecris tes deux types de musique préférés et les deux que tu aimes le moins, et donnes-en tes opinions. **Answers will vary.**

1. _____   _____

   _____

   _____

2. _____   _____

   _____

   _____

3. _____   _____

   _____

   _____

4. _____   _____

   _____

   _____

8 **Les jeunes et la musique** Prépare un sondage où tu demandes aux jeunes de ton lycée ce qu'ils pensent de différents genres de musique, instruments de musique et musiciens. Pose des questions précises et, pour chacune de tes questions, propose un choix de réponses dans un ordre logique. Utilise les expressions proposées et d'autres expressions que tu connais. **Answers will vary. Possible answers:**

> Je trouve ça super. J'aime beaucoup. Ça me plaît beaucoup. Ça m'éclate.
> Je n'écoute que ça. Comment tu trouves... ? Qu'est-ce que tu penses de... ? Pas du tout.
> Je trouve ça nul.
> Ça ne me plaît pas du tout. Je n'aime pas du tout.
> Ça ne me branche pas trop. Je n'aime pas tellement ça. Ça te plaît,... ?

1. __Qu'est-ce que tu penses de U2?__
   - ❑ __Je trouve ça super.__
   - ❑ __C'est pas mal.__
   - ❑ __Je n'aime pas tellement ça.__
   - ❑ __Je trouve ça nul.__

2. __Comment tu trouves la dance?__
   - ❑ __Ça me plaît beaucoup.__
   - ❑ __C'est pas terrible.__
   - ❑ __Ça ne me branche pas.__
   - ❑ __C'est l'horreur.__

3. __Ça te plaît, le rap?__
   - ❑ __Je n'écoute que ça.__
   - ❑ __Ça m'éclate.__
   - ❑ __Ça ne me branche pas trop.__
   - ❑ __Pas du tout.__

4. __Tu aimes la trompette?__
   - ❑ __Oui, j'aime beaucoup.__
   - ❑ __Oui, c'est pas mal.__
   - ❑ __Bof, c'est pas terrible.__
   - ❑ __Non, ça ne me plaît pas du tout.__

■ REMISE EN TRAIN

9 Un festival cajun   Complète la lettre de Simon à sa grand-mère à l'aide des mots proposés.

zydeco

famille

danser

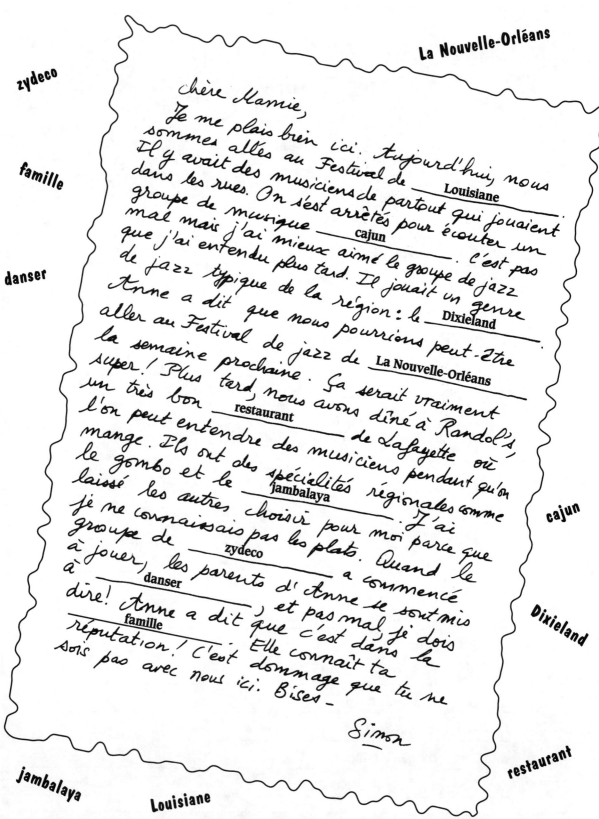

La Nouvelle-Orléans

cajun

Dixieland

restaurant

jambalaya

Louisiane

Chère Mamie,

Je me plais bien ici. Aujourd'hui, nous sommes allés au Festival de __Louisiane__. Il y avait des musiciens de partout qui jouaient dans les rues. On s'est arrêtés pour écouter un groupe de musique __cajun__. C'est pas mal mais j'ai mieux aimé le groupe de jazz que j'ai entendu plus tard. Il jouait un genre de jazz typique de la région : le __Dixieland__. Anne a dit que nous pourrions peut-être aller au Festival de jazz de __La Nouvelle-Orléans__ la semaine prochaine. Ça serait vraiment super! Plus tard, nous avons dîné à Randol's, un très bon __restaurant__ de Lafayette où l'on peut entendre des musiciens pendant qu'on mange. Ils ont des spécialités régionales comme le gombo et le __jambalaya__. J'ai laissé les autres choisir pour moi parce que je ne connaissais pas les plats. Quand le groupe de __zydeco__ a commencé à jouer, les parents d'Anne se sont mis à __danser__, et pas mal, je dois dire! Anne a dit que c'est dans la __famille__. Elle connaît ta réputation! C'est dommage que tu ne sois pas avec nous ici. Bises.

Simon

CHAPITRE 11 Remise en train

■ DEUXIEME ETAPE

10 **Mots emmêlés**   Démêle *(unscramble)* les questions suivantes.

1. on / anglais? / dit / en / «frites» / comment
   Comment on dit «frites» en anglais?

2. c'est / un / qu'est-ce que / po-boy?
   Qu'est-ce que c'est, un po-boy?

3. ça / dire / «saucisse»? / qu'est-ce que / veut
   Qu'est-ce que ça veut dire, «saucisse»?

4. vient / le / «cajun»? / mot / d'où
   D'où vient le mot «cajun»?

5. il / dans / le / gombo? / a / qu'est-ce qu' / y
   Qu'est-ce qu'il y a dans le gombo?

11 **Que de questions!**   Fatima passe ses vacances en Louisiane. Devine quelles questions elle pose aux Louisianais d'après ce qu'ils lui répondent. **Answers may vary. Possible answers:**

1.
Comment est-ce qu'on fait le jambalaya ?

On fait ça avec du riz, du jambon, des saucisses, des crevettes et du crabe.

2.
D'où vient l'expression «laissez les bons temps rouler» ?

Ça vient de l'anglais : «Let the good times roll».

3.
Comment on dit «shrimp» en français ?

On dit «crevette».

4.
Qu'est-ce que ça veut dire, «cocodrie» ?

Ça veut dire «alligator».

5.
Comment est-ce qu'on appelle cette soupe ?

On appelle ça du «gombo».

12 Une fête cajun Pour la fête cajun du club français, il y aura beaucoup de plats préparés par les élèves. Vous voulez être certains qu'il y aura assez de hors-d'œuvre, de soupes, de plats principaux, etc. Regarde la liste des plats et mets-les dans la bonne catégorie : **a) hors-d'œuvre/soupes/salades, b) plats principaux, c) légumes** ou **d) desserts.**

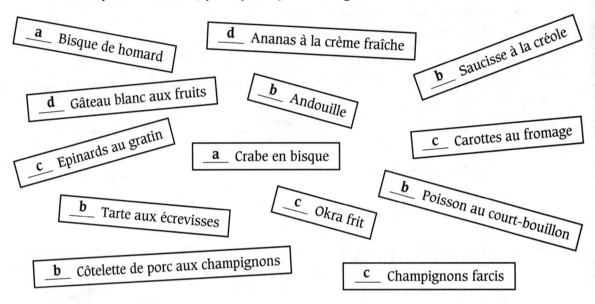

a Bisque de homard

d Ananas à la crème fraîche

b Saucisse à la créole

d Gâteau blanc aux fruits

b Andouille

c Carottes au fromage

c Epinards au gratin

a Crabe en bisque

b Poisson au court-bouillon

b Tarte aux écrevisses

c Okra frit

b Côtelette de porc aux champignons

c Champignons farcis

13 Quel délice! Regarde les trois photos ci-dessous et dis lesquels des plats de ce menu elles représentent.

Pouding _____

Gombo _____

Huîtres farcies

Aux Bons Temps

Menu à $20.00 :
Gombo aux Crustacés
ou
Huîtres Farcies
_____
Jambalaya
ou
Po-Boy
_____
Okra à l'Etouffée
ou
Légume du Jour
_____
Pouding au Pain
ou
Tarte aux Fruits

Nom_____ Classe_____ Date_____

14 Des listes de courses Lis les listes d'ingrédients que Monsieur Lassalle a préparées et choisis ce qu'il va cuisiner, d'après le contenu de chaque liste.

____1____ **a.** Oysters Rockefeller

____3____ **b.** Jambalaya

____2____ **c.** Bread pouding

____4____ **d.** Po-boy with shellfish

1.
des épinards
des huîtres
des épices

3.
du riz
du jambon
de l'andouille
du porc
des épices

2.
des raisins secs
du pain
du sucre
du lait

4.
des crevettes
des écrevisses frites
du pain
des okras

CHAPITRE 11 Deuxième étape

15 C'est toi, le chef! Tu as invité des amis à un repas cajun chez toi. Tu as les ingrédients suivants. Crée un menu pour ton dîner. Inclus une entrée, un plat principal et un dessert. Pour chaque plat, fais la liste des ingrédients dont tu vas avoir besoin. Attention! Tu ne peux utiliser chaque ingrédient qu'une seule fois! **Answers may vary. Possible answer:**

ham   crab   bread   fish   spices
mushrooms   okras   oysters   raisins

hors-d'œuvre : **des huîtres cuites Bienville**

les ingrédients : **des huîtres, des champignons, du jambon**

plat principal : **du poisson à la vapeur farci au crabe avec des okras frits**

les ingrédients : **poisson, du crabe, des okras, des épices**

dessert : **du pouding au pain**

les ingrédients : **du pain, des raisins secs**

16 Mais, que disent-ils? Simon est dans un restaurant de Lafayette avec les Laforest. Complète leur conversation à l'aide de **ce qui** ou **ce que**.

SIMON Moi, je ne sais pas ____ce que____ je vais commander...

M. LAFOREST Moi non plus, mais ____ce que____ je sais, c'est que le gombo est fameux ici.

MME LAFOREST Moi, ____ce qui____ me plaît ici, c'est l'ambiance. C'est vraiment typique de la Louisiane. ____Ce qui____ est incroyable, c'est qu'ils aient préservé l'authenticité de l'époque coloniale.

ANNE Alors, Simon, tu ne sais toujours pas ____ce que____ tu veux?

SIMON Euh... non. Je crois que je voudrais commander ____ce que____ j'ai commandé à Randol's l'autre jour, mais je ne me rappelle plus ____ce que____ c'était.

ANNE Est-ce que tu sais ____ce qu'____ il y avait dans ce plat?

SIMON Pas exactement, mais ____ce qui____ est sûr, c'est qu'il y avait du riz et de la saucisse dedans.

MME LAFOREST Alors, c'était du jambalaya.

SIMON Oui, c'est ça! Du jam-ba-la-ya. Quel drôle de nom!

17 Tes impressions Imagine que tu visites la Louisiane pour la première fois de ta vie. Ecris une lettre à un(e) camarade de classe et raconte-lui tes impressions en utilisant certaines des expressions proposées. **Answers will vary.**

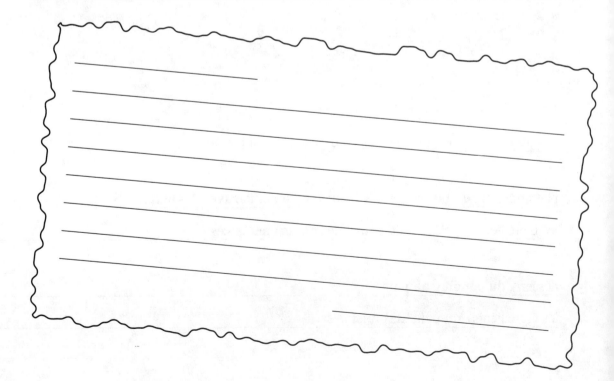

il me semble que   ce que j'aime vraiment   ce que je trouve super

j'ai l'impression que   ce qui est incroyable   on dirait que

ils ont l'air de   ce qui saute aux yeux   ce que je n'aime pas trop

■ LISONS!

18 L'histoire d'Evangéline

Le chêne et la statue d'Evangéline, situés à St-Martinville, en Louisiane, sont parmi les points d'attraction les plus populaires de la région. L'histoire qui s'y rapporte se passe en 1755, au moment où des milliers d'Acadiens ont été chassés de leur territoire canadien par les Anglais et se sont réfugiés en Louisiane. Ces événements, dit-on, ont causé la séparation d'une jeune fille, Evangéline, et de son fiancé, Gabriel. Une des versions de cette histoire raconte qu'après un long voyage, la jeune fille est arrivée en Louisiane. Malheureusement, sa tristesse l'empêchait d'apprécier la beauté de cette région si différente de celle de son enfance. Elle ne pensait qu'à son passé et à l'homme qu'elle avait perdu. Quand, finalement, elle a retrouvé son cher Gabriel, assis sous le grand chêne au bord du bayou Teche, elle n'a pas pu contenir sa joie. Mais le jeune homme l'a regardée avec tristesse et, après quelques hésitations, lui a avoué qu'il en aimait une autre. Evangéline n'a jamais pu oublier Gabriel et a passé le reste de sa vie dans le regret et la mélancolie, rêvant qu'un jour, Gabriel lui reviendrait. Le chêne d'Evangéline est resté le symbole de la rencontre d'Evangéline et de son bien-aimé.

CHAPITRE II Lisons!

a. Based on the context, what do you think these words mean? **Answers may vary. Possible answers:**

un chêne : _____a type of tree_____

chassés : _____driven out_____

bien-aimé : _____beloved_____

a avoué : _____confessed_____

b. Are these statements **a) true** or **b) false?** If they're false, correct them.

___b___ Evangeline traveled from Louisiana to Canada in the 18th century.
She went from Canada to Louisiana.

___b___ Evangeline was sad because she missed her country.
She missed her fiancé.

___a___ Gabriel told Evangeline that he was in love with another woman.

___a___ Evangeline's tree and statue are popular landmarks in Louisiana.

___b___ The tree is the place where Evangeline and Gabriel got married.
It's the place where Evangeline saw Gabriel again.

■ PANORAMA CULTUREL

19 Mots croisés louisianais   Write the English clues to this crossword puzzle. **Answers will vary. Possible answers:**

HORIZONTALEMENT :

1. A typical instrument used in Cajun music, along with the violin and metal triangle
2. A weekly dance
3. The explorer who claimed millions of acres of North American land in the name of France in 1682
4. A celebration in New Orleans the Tuesday before Lent
5. A variation of Cajun music created by African Americans
6. The people driven out of Canada by the British in the eighteenth century

VERTICALEMENT :

7. A type of music popular in Louisiana
8. Descendants of the Acadiens who settled in southern Louisiana
9. The capital of France's thriving colony in the 1700s, and an important cultural and political center
10. A spicy soup with a base of okra and rice
11. "Alligator" in creole
12. A famous main dish made with rice, sausage, and vegetables

Echanges sportifs et culturels

■ MISE EN TRAIN

1 A nous les Jeux olympiques! Ecris le nom de chaque personnage de **A nous les Jeux olympiques** sous le sport qu'il pratique.

MADEMBA : «Tu sais, je suis champion de lutte!»

OPHELIA : «Ça fait tellement longtemps que je m'entraîne... »

Youssef

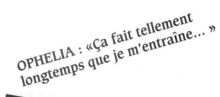

Julie

YOUSSEF : «Je serai le seul plongeur olympique sans maillot!»

Ophélia

JULIE : «Il doit y avoir des tas d'escrimeuses beaucoup plus fortes que moi... »

Mademba

6 Que disent-ils? Est-ce que ces gens expriment **a) de l'impatience, b) une certitude, c) des doutes** ou est-ce qu'ils font **d) des suppositions?**

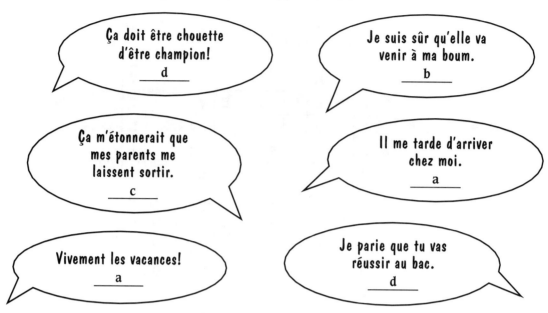

Ça doit être chouette d'être champion!
d

Je suis sûr qu'elle va venir à ma boum.
b

Ça m'étonnerait que mes parents me laissent sortir.
c

Il me tarde d'arriver chez moi.
a

Vivement les vacances!
a

Je parie que tu vas réussir au bac.
d

7 Aux Jeux olympiques Julien est en route pour les Jeux olympiques. Dans le train, il rencontre Latifa qui y va aussi. Ils sont tous les deux impatients d'arriver et ils font des suppositions sur ce qui va se passer pendant les Jeux. Complète leur conversation en utilisant une expression différente dans chaque cas. **Answers will vary. Possible answers:**

JULIEN _____**Vivement**_____ qu'on arrive! Je suis vraiment impatient de voir les premières épreuves!

LATIFA Moi aussi! _____**Il me tarde**_____ surtout de voir l'athlétisme.

JULIEN Moi, c'est la natation qui m'intéresse. Malheureusement, l'équipe française n'est pas en forme cette année. _____**Ça m'étonnerait**_____ qu'elle gagne des médailles d'or.

LATIFA Oui, moi aussi. _____**Je parie**_____ que c'est les Chinois qui vont gagner.

JULIEN _____**Ça, c'est sûr**_____ . C'est toujours eux qui gagnent les épreuves de natation.

LATIFA En tout cas, dès que j'arriverai, j'irai à l'hôtel où est l'équipe de foot marocaine.

JULIEN Chouette! Je viendrai avec toi. On _____**pourra sûrement**_____ leur demander des autographes.

LATIFA Tu sais, je _____**ne suis pas sûre**_____ qu'on nous laisse rentrer dans l'hôtel. Les athlètes sont très protégés.

JULIEN Mmm... _____**Ça doit être**_____ chouette d'être champion!

CHAPITRE 12 Première étape

8 Des projets

Complète les phrases suivantes en utilisant les verbes proposés au temps qui convient. **Answers may vary. Possible answers:**

avoir	habiter	être	finir	pouvoir	voir	aller	prendre	arriver	visiter

1. Dès que je (j') _____ serai _____ en vacances, je partirai chez ma grand-mère.

2. Je serai contente quand je (j') _____ pourrai _____ me reposer.

3. Dès que mon frère _____ aura _____ seize ans, il passera son permis de conduire.

4. Ils mangeront dans de bons restaurants quand ils _____ iront _____ en France.

5. Ecris-moi une carte postale dès que tu _____ arriveras _____ à Fort-de-France.

6. Quand il _____ habitera _____ à Abidjan, il ira souvent au marché de Treichville.

7. Dès que nous _____ finirons _____ le lycée, nous partirons en vacances.

8. Quand vous _____ verrez _____ les épreuves d'équitation, prenez des photos.

9. Elle nous invitera chez elle dès qu'elle _____ prendra _____ un appartement.

10. Elles viendront nous voir quand elles _____ visiteront _____ la région.

9 Bientôt les Jeux

Ecris une carte postale à la famille avec qui tu logeras aux prochains Jeux olympiques. Parle-leur des événements auxquels tu voudras assister et de ce que tu voudras faire dès que tu arriveras. Fais aussi des suppositions sur qui gagnera. **Answers will vary.**

CHAPITRE 12 Première étape

■ REMISE EN TRAIN

10 **Un rendez-vous sportif et culturel** Devine lesquels/lesquelles des jeunes d'**Un rendez-vous sportif et culturel** ont écrit ces lettres à leur famille et à leurs amis pendant les Jeux olympiques.

Yvonne

Ophélia

Mademba

Chers parents,
Les Jeux sont presque finis et c'est triste parce que j'ai rencontré des gens super sympa ici. J'ai surtout fait la connaissance d'une Suisse qui est très chouette. Elle s'appelle Hélène. On s'entend très bien. Je l'ai invitée à passer un mois chez nous cet été. Elle va sûrement venir. J'espère que ça ne vous dérange pas. A dimanche. Il me tarde de vous raconter tout! Bises.

Ophélia

Chère Emilie,
Les Jeux, c'est super chouette! J'ai rencontré des jeunes de tous les pays du monde. Hier, j'ai fait la connaissance d'un Sénégalais. C'était la première fois de ma vie que je rencontrais un Africain. Il est super gentil mais je l'ai un peu choqué quand je lui ai demandé s'il y avait la télé dans son pays. Il a dû penser que j'étais vraiment cloche. Enfin! Je m'amuse comme une folle ici et je pense à toi. Embrasse tout le monde de ma part.

Yvonne

Jean-Paul

Chère Maman,
Tu sais, j'ai fait la connaissance d'une Française qui a gagné la médaille d'or d'escrime! Elle est formidable et pas du tout prétentieuse. Moi, bien sûr, je ne suis pas vraiment content de mes performances. Je ne suis même pas fier du tout… Je ne comprends vraiment pas ce qui s'est passé. En tout cas, ma consolation, c'est que j'ai profité au maximum de mon expérience aux Jeux olympiques. Je n'oublierai jamais tous les gens que j'ai rencontrés ici. Je te raconterai ça en détail à mon retour. Grosses bises.

Jean-Paul

Hélène

Julie

■ DEUXIEME ETAPE

11 Jeu de mémoire   Est-ce que tu te souviens de tous les pays et régions francophones que tu as étudiés dans *Allez, viens!*?

a. Place la lettre qui correspond à chaque endroit sur la carte du monde.

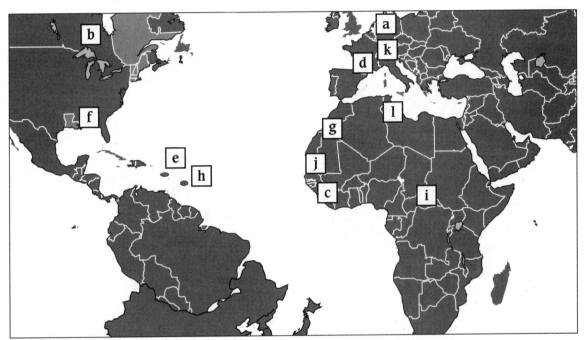

a. **Belgique**   b. **Canada**   c. **Côte d'Ivoire**   d. **France**

g. **Maroc**   h. **Martinique**   k. **Suisse**   e. **Guadeloupe**

f. **Louisiane**   l. **Tunisie**   j. **Sénégal**   i. **République centrafricaine**

b. Maintenant, écris la lettre du pays ou de la région devant la ville qui s'y trouve.

h Fort-de-France	**d** Tours	**c** Abidjan
k Genève	**b** Montréal	**a** Bruxelles
e Pointe-à-Pitre	**f** La Nouvelle-Orléans	**j** Dakar
l Tunis	**g** Marrakech	

c. Parmi tous ces endroits, choisis-en un que tu aimerais visiter et explique pourquoi.
   Answers will vary.

_____

_____

_____

_____

Practice and Activity Book, Teacher's Edition **139**

CHAPITRE 12   Deuxième étape

12 Un(e) Ivoirien(ne) en France

Assika est ivoirienne. Elle est nouvelle au lycée Henri IV et les autres élèves lui posent des questions. En lisant les réponses d'Assika, peux-tu deviner les questions qu'on lui pose? **Answers will vary. Possible answers:**

Tu es d'où?

Je suis de Côte d'Ivoire.

C'est comment, la vie en Côte d'Ivoire?

C'est super! J'adore mon pays. On s'amuse bien là-bas. Les plages sont chouettes.

Qu'est-ce qu'on mange dans ton pays?

Euh... du foutou, beaucoup de fruits, de l'aloco qui est fait avec des bananes. C'est délicieux!

Qu'est-ce qu'on fait pour s'amuser dans ta ville?

A Abidjan? On va au cinéma, on se promène dans les marchés, on fait les magasins... Plein de choses, quoi.

Il y a des restaurants français chez toi?

Oui, bien sûr! Il y en a beaucoup même. Les Ivoiriens aiment bien la cuisine française.

13 **Dis-moi, Adamou...** Imagine que tu rencontres Adamou, un jeune Nigérien. Tu sais seulement que le Niger est un pays d'Afrique de l'Ouest. Pose-lui huit questions sur sa vie dans son pays. **Answers will vary. Possible answers:**

1. C'est comment, la vie au Niger? _____
2. On porte des vêtements traditionnels chez toi? _____
3. Qu'est-ce qu'on y mange? _____
4. Qu'est-ce qui est typique de chez toi? _____
5. Il y a des ordinateurs là-bas? _____
6. Tu habites en ville ou à la campagne? _____
7. Vous avez des gratte-ciel dans votre capitale? _____
8. Qu'est-ce qu'on fait pour s'amuser chez toi? _____

14 **Qu'est-ce qu'ils disent?** Devine ce que ces jeunes disent dans chaque situation. **Answers may vary. Possible answers:**

Les boules!

J'arrive pas à y croire!

J'ai vraiment pas de chance!

Youpi!

J'ai vraiment pas de chance!

C'est pas juste.

Les boules!

Qu'est-ce que je peux être nulle!

Youpi!

J'arrive pas à y croire!

Qu'est-ce que je peux être nul(le)!

CHAPITRE 12 Deuxième étape

15 Réponse à tout

Qu'est-ce que tu dirais si on te disait les choses suivantes? Utilise une expression différente dans chaque cas. **Answers will vary. Possible answers:**

Exemple : TON PROF   Félicitations! Tu as 15 à ton interro.

TOI   <u>Youpi!</u>

1.   TA MERE   Tu ne peux pas sortir ce soir. Il faut que tu gardes ton frère.

TOI   <u>**J'ai vraiment pas de chance.**</u>

2. TON COPAIN   Ma grand-mère m'a donné 100 dollars! Je t'en donne 50.

TOI   <u>**Génial!**</u>

3.   TON PROF   Tu as oublié ton livre? Eh bien, tu es collé(e) samedi après-midi!

TOI   <u>**C'est pas juste.**</u>

4.   TA COPINE   Viens au café avec moi! J'ai donné rendez-vous à Michael Jordan.

TOI   <u>**C'est pas possible!**</u>

5.   TON PERE   Tu as laissé le réfrigérateur ouvert et le chat a mangé la viande!

TOI   <u>**Qu'est-ce que je peux être nul(le)!**</u>

6.   TON FRERE   Tiens! Je te donne tous mes CD pour ton anniversaire!

TOI   <u>**C'est vraiment le pied!**</u>

16 Des vacances ratées

Imagine deux conversations avec ton père ou ta mère. Dans la première situation, il/elle te dit ce que vous allez faire pendant les vacances et tu exprimes ton enthousiasme. Dans la deuxième situation, il/elle te dit pourquoi, finalement, vous ne pouvez pas partir en vacances et tu exprimes ta déception *(disappointment)*. **Answers will vary.**

1. _____

_____

_____

_____

_____

_____

2. _____

_____

_____

_____

_____

_____

■ LISONS!

17 Le père des Jeux olympiques   Read this article and then answer the questions in English. **Answers may vary. Possible answers:**

On doit les Jeux à Coubertin

Pierre Frédy, baron de Coubertin (1863–1937), rêvait de mettre au point un programme éducatif inspiré de la tradition grecque basée sur un développement équilibré de l'esprit et du corps. C'est grâce à sa détermination et à son sens de l'organisation que les Jeux olympiques modernes, inspirés des Jeux d'Olympie de la Grèce antique, sont nés. Coubertin a suggéré de relancer cet événement sportif au cours d'une réunion de l'Union des sports athlétiques tenue à Paris en 1892. Au début, le projet de Coubertin n'a pas suscité beaucoup de réactions, mais en 1894, grâce à la persévérance du Français, un congrès sportif international s'est enfin réuni. Des délégués de Belgique, d'Angleterre, de France, de Grèce, d'Italie, de Russie, d'Espagne, de Suède et des Etats-Unis ont créé les Jeux de l'Olympiade, aussi appelés Jeux olympiques.

Pierre de Coubertin aurait voulu que les premiers Jeux se passent en France, mais les délégués internationaux l'ont convaincu que la Grèce était le pays d'accueil de choix. Ils ont décidé que les Jeux auraient lieu tous les quatre ans dans diverses villes du monde. Treize pays ont participé aux premiers Jeux d'Athènes en 1896. Il y avait 311 concurrents en compétition dans neuf disciplines sportives : le cyclisme, l'escrime, la gymnastique, le tennis sur gazon, le tir, la natation, l'athlétisme, l'haltérophilie et la lutte. En 1908, les concurrents étaient déjà au nombre de 2.082.

Les premiers Jeux olympiques d'hiver se sont tenus dans la ville française de Chamonix en 1924.

1. Where was Pierre de Coubertin from?

   France

2. What does the title of the article mean? Explain.

   We owe the Olympic Games to Coubertin because he was the one who

   proposed them.

3. What countries participated in the creation of the modern Olympic Games?

   Belgium, England, France, Greece, Italy, Russia, Spain, Sweden, and

   the United States

4. Where did the first summer Olympic Games take place? Why was that country chosen?

   In Greece; That's where the original Olympic Games took place a long

   time ago.

5. Were the first modern Olympic Games as popular as they are today? How can you tell?

   No, there were only 311 participants from 13 countries in 9 sports.

   There are a lot more now.

6. What sports were represented at the first Olympic Games?

   cycling, fencing, gymnastics, tennis, archery, swimming, track and field,

   weightlifting, and wrestling

■ PANORAMA CULTUREL

18 Des brochures touristiques You're preparing tourist brochures in English about Guadeloupe, Tunisia, and Belgium. Write a few thoughts on these countries or regions, mentioning the places and things proposed below as well as other details you know. **Answers will vary. Possible answers:**

Carthage

Mediterranean Sea

Soufrière

chocolate

GUADELOUPE

It is a pretty island in the Caribbean where people are very friendly. People in Guadeloupe are French citizens since the island is a DOM, or département d'outre-mer. Don't miss the beautiful beaches on the island of Basse-Terre, the famous volcano called the Soufrière, and the Fête des Cuisinières, an annual parade celebrating creole cuisine.

DOM

desert

Basse-Terre

comic books

TUNISIA

It is a small country in North Africa on the Mediterranean Sea with a long coastline and many pretty beaches. The southern part of the country is mostly desert; in the north there is enough moisture to grow crops. Carthage, with its Roman ruins, is a popular tourist site. In the cities, people tend to mix traditional and modern dress. Tunisian businessmen often wear a chéchia (a type of fez) with a Western suit.

BELGIUM

Brussels is the capital of Belgium and the city where you can visit the Centre Belge de la Bande Dessinée. Some of the most famous comic book artists in the world are Belgian. In Belgium you can enjoy some of the best chocolates and delicious gaufres, thick waffles eaten with various toppings.

gaufres

Fête des Cuisinières

chéchia

Brussels

■ MON JOURNAL

Décris ta plus mauvaise expérience (réelle ou imaginaire) dans un restaurant. Décris l'endroit, les gens *(people),* l'ambiance, le service et la nourriture.

_____

_____

_____

_____

_____

_____

_____

_____

_____

_____

_____

_____

_____

_____

_____

_____

_____

_____

_____

_____

_____

_____

_____

_____

_____

_____

_____

_____

_____

_____

_____

_____

■ MON JOURNAL

Raconte un voyage en voiture, réel ou imaginaire mais mémorable. Dis ce qui s'est passé, avec qui tu étais, d'où tu es parti(e), où tu t'es arrêté(e) et comment ton voyage s'est terminé.

_____

_____

_____

_____

_____

_____

_____

_____

_____

_____

_____

_____

_____

_____

_____

_____

_____

_____

_____

_____

_____

_____

_____

_____

_____

CHAPITRE 2 Mon journal

■ MON JOURNAL

Dis à quel âge tu as commencé à avoir des responsabilités chez toi. Décris ces responsabilités, ce que tu en pensais et si tu les assumais *(fulfill)* toujours.

_____

_____

_____

_____

_____

_____

_____

_____

_____

_____

_____

_____

_____

_____

_____

_____

_____

_____

_____

_____

_____

_____

_____

_____

_____

_____

_____

_____

_____

CHAPITRE 3 Mon journal

■ MON JOURNAL

Parle d'une personne célèbre que tu admires pour son style. Décris sa coiffure et ses vêtements, et explique pourquoi tu aimes ce style.

_____

_____

_____

_____

_____

_____

_____

_____

_____

_____

_____

_____

_____

_____

_____

_____

_____

_____

_____

_____

_____

_____

_____

_____

_____

_____

_____

_____

_____

_____

_____

◼ MON JOURNAL

Si tu héritais d'un million de dollars, comment est-ce que ta vie changerait? Aurais-tu les mêmes projets pour l'avenir? Que voudrais-tu faire de ton argent?

_____

_____

_____

_____

_____

_____

_____

_____

_____

_____

_____

_____

_____

_____

_____

_____

_____

_____

_____

_____

_____

_____

_____

_____

_____

_____

■ MON JOURNAL

Décris une dispute réelle ou imaginaire que tu as eue avec ton/ta meilleur(e) ami(e), ton frère ou ta sœur. Raconte la cause de la dispute, les choses que vous vous êtes dites et la résolution de votre conflit.

_____

_____

_____

_____

_____

_____

_____

_____

_____

_____

_____

_____

_____

_____

_____

_____

_____

_____

_____

_____

_____

_____

_____

_____

Nom_____ Classe_____ Date_____

■ MON JOURNAL

Si tu étais un animal sauvage, lequel voudrais-tu être? Explique pourquoi et dis comment il faudrait que tu vives.

■ MON JOURNAL

Fais une description de ta ville. Compare-la à une autre ville bien connue. Qu'est-ce qu'on peut faire dans ta ville? Quels sont les avantages et les inconvénients de vivre dans ta ville?

_____

_____

_____

_____

_____

_____

_____

_____

_____

_____

_____

_____

_____

_____

_____

_____

_____

_____

_____

_____

_____

_____

_____

_____

_____

_____

_____

_____

_____

CHAPITRE 8 Mon journal

■ MON JOURNAL

Parle de ton émission de télévision préférée. Est-ce que c'est un feuilleton, un jeu, une émission de variétés ou un autre genre d'émission? Explique pourquoi tu l'aimes, qui y participe, si tes ami(e)s la regardent aussi, etc. Raconte le dernier épisode que tu as vu et dis ce que tu en as pensé.

CHAPITRE 9 Mon journal

■ MON JOURNAL

Raconte quelque chose qui t'est arrivé et dont tu es très fier (-ère). Dis pourquoi cet événement est important pour toi et si d'autres personnes t'ont fait des compliments. Tu peux inventer un événement, si tu veux.

_____
_____
_____
_____
_____
_____
_____
_____
_____
_____
_____
_____
_____
_____
_____
_____
_____
_____
_____
_____
_____
_____
_____
_____

▣ MON JOURNAL

Parle de ce qui est particulier à ta région : la musique, la nourriture, le style de vie, la nature, les festivals, etc. Dis ce qui te plaît et te déplaît le plus dans cette région. Donne tes impressions générales comme si tu renseignais quelqu'un qui voulait y vivre.

_____

_____

_____

_____

_____

_____

_____

_____

_____

_____

_____

_____

_____

_____

_____

_____

_____

_____

_____

_____

_____

_____

_____

_____

_____

_____

_____

CHAPITRE 11 Mon journal

■ MON JOURNAL

Raconte un événement important (examen, compétition, cérémonie, etc.), réel ou imaginaire, pour lequel tu t'es préparé(e) pendant longtemps. Parle de ton expérience de l'événement lui-même et de tes sentiments pendant la préparation de cet événement.

_____

_____

_____

_____

_____

_____

_____

_____

_____

_____

_____

_____

_____

_____

_____

_____

_____

_____

_____

_____

_____

_____

_____

_____

_____

_____

_____

_____